不生病的藏傳紓壓術

療癒身心靈的預防醫學

洛桑加參 著

自序

不花時間在不快樂上，拿回自己時間的主控權

預防醫學是一門幫助我們活得更好、更長、更健康的學科。我以前常說健康衰老、健康衰老（Healthy Aging）。英文沒問題，不過最近我覺得翻譯後這個「衰」字看起來哪裡怪怪的，感覺衰衰的，不夠吉祥，所以我決定改說「健康到老」。期許你我直至離世前一分鐘，都無病無憂無失能無臥床，工作時頭腦靈光、精神爽朗，休閒時腿腳有力、核心強壯，要上山要下海都沒問題。持續享受良好的生活品質到最後一刻，行住坐臥，獨立自主，自在而且自由，這即是我所說的健康到老。

快樂的你更聰明也更有創意

具體怎麼做呢？首先，你要愛惜自己、珍愛生命、令自己快樂起來。曾任教於哈佛的尚恩．阿克爾（Shawn Achor）發現了一些有趣的現象，他稱之為「快樂優勢（Happiness Advantage）」。根據他的研究，處於快樂狀態的人們，智能提升、創意激增、效率大增，收入也隨之看漲。最棒的是，還能活得更久更健康。

關於尚恩所說的這最後一點，我大大認同，許多研究報告都顯示，樂觀的人確實是比悲觀的人更長壽也更幸運，罹患慢性疾病的風險還比較低。光是開心哈哈笑這個舉動，就足以令人的免疫細胞活性提升六倍之多。要成為健康到老的好命人，想辦法讓自己快樂起來，絕對是很值得我們一起努力的方向。

巡迴演講時我一直在講，「你做任何事，都要開心去做，如果今天不想煮飯給老公吃，那千萬別煮！懷著怨氣煮、氣呼呼地煮，自己不爽，吃的人也不會多開心。」今天有人規定你去做一件有違你良善心意的事情，如果你不想做，千萬別做！不管他用什麼厲害的、詭辯的、壓迫性質的言語或態度情緒勒索你，都不要理他。

問一問自心，我做這事有意義嗎？

掐指算一算，我有時間幹這個嗎？

把寶貴的時間留給寶貴的人

把時間留給真正值得的人事物吧！那些能激起你善良、熱情、快樂的人事物。才是對你真正有意義的。我們人常常會忘記，我其實也會死耶！浪費時間浪費得好像自己可以長生不老一樣。你知道你時間有限、生命有限嗎？你知道什麼樣的態度和行為令痛苦不斷循環？你知道什麼樣的態度和行為，能帶給你真正的快樂嗎？

我照顧過許多臨終的病人，他們有後悔、有不捨、有放不下。那時候我多麼希望，他們曾經多花一點時間在自己身上，但大部分的人，都沒有。為自己哭為自己笑為自己好好活一活，五分鐘、十分鐘，那也好啊！但現在不少人都是為爸媽、為子女、為另一半、為子女的子女……就是忘了為自己好好活一活。

趁現在，我們還好手好腳耳聰目明，難道不該警醒反省，「我是否花了太多時間在一些膚淺的事情上面？還因此生氣、懷恨在心？」真的要好好想一想呢！我每天都提醒我自己。我每天都問我自己。

我還好嗎？
我快樂嗎？
我有把時間照自己的心意運用嗎？
我有好好照顧我自己的身心靈嗎？

誰知道一個浪費，兩敗俱傷

如果你快樂，你感到滿足和幸福，那恭喜你，你正在實現你的生命藍圖、走在正確的生命軌道上。如果你不快樂，請一秒都不要浪費，把自己的時間拿回來!!也不要用不快樂的自己，去浪費他人的時間。一日無二晨，時過不再臨。浪費他人的時間等於是謀財害命，而浪費自己的時間則相當於慢性自殺。一個浪費，兩敗俱傷。

你選擇怎樣運用時間，將決定你成為怎樣的一個人。希望大家今天就睜開眼，看一看月曆、看一看手錶，把時間拿回來，好好為自己活一活。此生無悔，即為圓滿。都說少壯不努力，老大怪水逆。不用怪東怪西，或去責怪任何人「耽誤你一生」，從現在開始善用時間、關注良善、長養智慧，你將越來越懂得如何為自己帶來真正的快樂和滿足。

願做諸位善養身心靈的益友

繼《不生病的藏傳養生術》、《靜心．淨心》、《簡單豐足》、《快樂醫學》、《不生病的藏傳煉心術》、《不生氣的藏傳養生術》之後，我這第七本《不生病的藏傳紓壓術》，也是為了有需要的人寫的。在診所看病或到外頭演講，我發現大家的煩惱、大家的困擾，其實都差不多。若能從源頭去處理、去預防，那是很有效、很省錢的耶！源頭在哪？不在春光爛漫處，也不在燈火闌珊處，更不在你討厭的人身上，你向外找，是找沒有的。使身心靈同時間獲得療癒的源頭，一切煩惱與智慧的源頭，都在自己的心裡頭。

剛好心靈療癒這一塊，是我們西藏人的強項。剛好我又在台灣讀完醫學院、當了幾年醫生，累積了一些寶貴的臨床經驗，所以我將竭盡所能，把結合佛教醫學與西方醫學的善知識，傳遞給各位。當然，這些知識不是我一個人發明的，是幾千年來無數悟道者和致力於研究人類身心健康的科學家，所共同累積、屬於全人類的智慧財富。希望你和我一樣都能受益於這些「健康財」，學到照顧好自己的方法、做自己的「上醫」，所以才又寫了這第七本書。

感謝前人的智慧傳承，感謝給我許多靈感的病患與聽眾，更感謝你的購買和閱讀。如果本書中的任何一個方法，能為你提供到一些小小的幫助，那將是我的榮幸。

洛桑加參　合十

目次

自序　不花時間在不快樂上，拿回自己時間的主控權　003

第1章　壓力山大不是病，操煩起來卻很要人命

01　痛並快樂著，如何不讓壓力傷到自己？還幫健康加分？　016
02　好的紓壓法帶你上天堂，不好的紓壓法叫你住套房　021
03　當你累到一整個不要不要的，請別忽視減壓之必要　027
04　本書的使用方法，一週看一篇就好別太辛苦　031

第2章 面對處理放下，52週與壓力的直球對決

01 浮誇退散，別讓一分的討厭放大為十足的憎厭 038
02 悲觀地預期苦痛毫無意義，在煩惱發生前解決才能稱為預防 043
03 失去未必不是福氣，但爭執肯定會失了福氣 048
04 生活練習，從糟糕的現實中看出美好的真實 052
05 看出不完美也很美，是我們的人生功課 057
06 別期待全世界為你鋪紅毯，反脆弱的我們根本就不需要 062
07 越想修心，身邊討厭鬼越多？小心，別讓敏銳變成過敏 067
08 你能過好一天，就能過好一週、過好一年、過好一生 072
09 問題丟來不一定都要作答，不接招不纏結也不沾黏 077
10 拉長時間線，笑看這幾多煩惱不過鼻屎大小 082
11 不盼福祿盼頓悟，喜悅回歸本來面目 087
12 過上不輕易受周遭影響的自在人生，紓壓四大句型學起來 092
13 你不是誰的仿冒品，你是你自己 097

14 念念不斷開放且友善，一瞬接著一瞬 102
15 焦慮如浮雲，而你的心是更大的天空 107
16 暢遊心世界，尚有千重領域未探，將此諸境行遍 112
17 偶遇世間涼薄，仍要謝你贈我一場空歡喜 117
18 學會四不一沒有，淡定過上好日子 122
19 你所愛的你不應該對他生氣，不愛的更不該氣 127
20 做對一件事，美滋滋福滿人生隨傳隨到 132
21 勇於接受轉凡成聖的試煉，轉迷歸悟化霧歸真 137
22 不執著於表象，以「無害行」再造人間天堂 142
23 預防情緒過勞，這三招幫你調節壓力 147
24 都是為了你好！負面情緒的真實身分其實是保母 152
25 管理煩惱之源得大解脫，與不安的心和平共處 158
26 你知道嗎？煩惱的背面是智慧耶，翻轉人生自己來 163
27 心隨境轉者常憂，境隨心轉者常悅 168
28 人心化現萬象，你以為如何，世界便如何 174

29 轉顛倒為正，消融煩惱的我，活成智慧的我 179
30 改良「受器」，讓你不再無緣無故受氣 184
31 古老東方醫學的紓壓智慧，四招學起來 189
32 聰明反被煩惱誤，預防失智強化韌性的四項練習 194
33 淒風苦雨鍛肉體，水深火熱煉精神 199
34 緩慢深長好好呼吸，氣順了，心也就平安了 205
35 來練倒三角呼吸法，打造健康金三角 210
36 縮小我執我慢我傲嬌，明前程之智由內而生 216
37 氣血循環好疾病不來找，藏傳太極平衡五元素 222
38 排除負能量，淨化身口意的感恩瑜伽做起來 231
39 活在今天不要活在昨天，舒心四訣竅交給你 238
40 怒吃誰不胖？五大紓壓好食，還你好心情 244
41 食有時序歲月凝香，減壓季節美食輕鬆吃 250
42 身爽快，心安康，在亂世中活出天堂感 255
43 捨小私利得大健康，沒空勾心鬥角才有空享福 260

44 嫌到爆還是賺到飽？入坑還是繞過坑，你自己選擇 265
45 記恨廢腦子，想要睡好變聰明，千萬別做這件事 270
46 翻轉命運、遠離顛倒，與幸福實相更加接近 275
47 養成容易好運的慣性，正面解讀練習 280
48 身健康心安寧，逆境恆修，來世豐饒今生無憂 286
49 運用善善相近和喜好互惠反應，擴大幸福圈 291
50 心免疫，這些吉祥念頭為你展開超強防護力 297
51 簡單一個轉念，壓力減苦痛消，相互觀待 302
52 淨心放下轉念迎吉祥，智慧福澤雙加持 307

第3章 累積福澤強化抗壓力，6大密技學起來

01 利他斷執著，感謝你讓我成為更好的一個人 314
02 利他的心意，為一切如母有情觀想一個美好的未來 318

03 靠自律改善命運、斷惡積福，不起煩惱不生貪著 322
04 自律能斷，熄滅憂火，無怨無憂無悔清涼自在 327
05 向內心調伏戰勝怨懟，安忍守護內在空間 331
06 不把壓力給別人，亦不輕易接收。安忍造福 335
07 精進在我。不從身外覓神仙，但向自心尋解答 339
08 勇猛精進獲得更大的自由，在你走出舒適圈之後 344
09 在快節奏的時代安靜下來，在忙亂的世界裡清淨自心 348
10 攝心安住、對治散亂，將心定錨於善慧之上 353
11 能悟入慧，用高一個維度的視角熱愛人間 358
12 破邪見興正念，佛步千里處處繁花盛開 362
結語 366

第1章

壓力山大不是病，操煩起來卻很要人命

01 痛並快樂著，如何不讓壓力傷到自己？還幫健康加分？

不知道大家有沒有做過腳底按摩？第一次按，隨便按都痛到哇哇叫。但如果經常去，就會越來越懂得享受，耐受力增強，可能還會拜託師傅大力一點，爽痛爽痛的那種感覺。我們每天在日常生活中、工作上遇到的壓力，其實也是一樣。

我一些五、六十歲的企業家朋友，心裡都盤算著退休，有的找專業經理人，有的準備通通放給下一代。我都叫他們「先不要」。不只是因為「能工作是福」這麼簡單而已。循著預防醫學的理路來理解，壓力與疾病之間的關係，呈現U型曲線，而非直線。什麼意思呢？意思是別以為零壓力是最健康的，並沒有!!當人處於極小的壓力狀態，或是蒙受超級巨大、難以承受的壓力時，疾病發生的機率都很高，而處於中間壓力時，疾病發生率最低。為了回到那個最不容易生病的「中間」值，我的健康策略是：面對壓力、接受壓力、處理壓力、放下壓力。而不是期待完全沒有，或視而不見任憑它不斷累積。

別以為躺平最舒服，常保活力才是福氣

長期處於零壓力的慵懶狀態，人的反應力、耐受力、思考力都會因為習慣安逸而下降。每天在江湖走跳的人，遇到事情，馬上能處理，因為處理習慣了嘛，很有自己的一套。而每天躺在家裡當沙發麻糬的人，你把他突然放到江湖間，一個小打小鬧馬上把他嚇個半死，不知道怎麼逃跑也不知道如何應對。用進廢退，肌力、骨力、腦力、反應力、耐受力以及心靈彈力，平常有練有差。偷偷告訴你，那些能夠以健康狀態離世的好命人，直到離世前幾天甚至是前一刻，很多都還在處理公務公益、做一些很有意義的事，像前任英國女王伊莉莎白二世就是。各種力練起來，人就離臥床、失能越來越遠。頭腦清楚、肌肉好用敏捷，這就是專屬於你的福氣！任誰都搶不走。

壓力這玩意兒之所以能傷害身體、壓垮心靈，它必然有一個特色：長期的。短暫壓力我們醫生一點都不擔心，因為壓力荷爾蒙皮質醇（Cortisol）在短期壓力上，它是能幫我

們瞬間增強肌力、立即做出判斷的好東西。只有長期過度釋放，皮質醇才會對細胞造成傷害，變成恐怖的「死亡荷爾蒙」。怎樣叫長期？一個月、三個月甚至更長，這種叫做長期。像遇到惡犬或惡人狂吠，你馬上避開，這種短暫的，完全沒有問題。不要被咬到就好。

面對短期、短暫的壓力，其實是很好的身心靈訓練，希望不管活到幾歲，你我都能勇於接受挑戰和改變。擁有面對壓力的勇氣，當成功解決問題的時候，你還會分泌出多巴胺，這種快樂荷爾蒙，便是讓我們感受到人生痛快的來源。痛並快樂著，痛快痛快，就是這樣來的。

至於長期、久久不能紓解的壓力，我建議最好時不時紓解釋放，千萬別偷懶。就跟倒垃圾一樣，每兩天丟一袋垃圾，很好處理，要是積了兩年從沒清過，一卡車垃圾堆在家裡，誰見誰崩潰。更多紓壓的方法留待第二章完整介紹，作為開場白，下面先來兩招簡單的：

◎目光放長，心胸放寬

從小長在佛寺裡，師父就讓我好好思索觀察人生三大主題「苦」、「無我」和「無常」。你知道什麼是無常嗎？無常，意指萬事萬物萬萬人，沒有一刻不在變化。許許多多的痛苦、煩惱、低落，也都服膺於無常法則下，都只是暫時的、都是可變會變的。試想十年後，現在這個令你頭大得不得了的事情，還會那麼不得了嗎？不過是你生命中的一個點綴罷了，其實也沒什麼了不起。

譬如初戀即失戀的那個當下，人痛苦得要去吃香蕉皮，當爺爺後，看到滿地爬的孫子，回憶過往，就會覺得從前那個青澀的自己好傻好天真還好好笑。你用七、八十年的生命長度去看，某個十分鐘發生的事，只是一個很小很小的刻度。時間拉長，在這十分鐘裡天大的事瞬間變成芝麻綠豆大小。

至於心胸放寬這一招，我自己很常用。意思是你不要只看到自己，儘量去考慮到比較多的人。以颱風為例，眼裡只有自己的時候，覺得出門打傘還弄溼，颱風討厭死了。但如果看一下新聞，看到其他地方淹大水、地下室車子都泡湯，有人農損慘烈、有人沒地方住、有人廚房淹掉沒辦法開伙，慈悲心升起來，會想要幫忙，直接提幾個便當過去，或是心裡希望他們不要受苦，默默幫他們祈福、對不能來上班的人多一些體諒。能去考慮他人，自己的小苦小痛，那都不算什麼。

◎未來不懼，過往無泣

心海中裝得下全世界，在其中，享受自在獨行。這樣的境界，何其美好？其實你可以耶!!先把理智腦關一關，感性腦用起來。把腦海裡那個叫你明天要繳帳單、後天要和誰誰誰聚會、下個月該去洗牙的喧嘩眾聲暫時關掉。改用眼耳鼻舌身，視覺、聽覺、嗅覺、味覺和觸覺，毫無保留、全方位地去感受當下的美好。

你或許會看到閃亮亮發光的葉子，嘗到醋飯酸爽開胃的滋味，泡在沁涼冷泉中全身舒暢，聽見春天的鳥、夏天的蟬在你窗外抬槓……。昨天被某某人取笑、大前天被誰看輕，都不能妨礙你以歡快的態度，慢度日常。這同時還是能增益副交感神經活性的好事情。喝杯咖啡耽誤不了什麼事，聞花香也用不了你一分鐘，放鬆感受、感謝生命、感謝自己擁有片刻的美好時光，像這樣活在當下，你隨時都能來一下。

02

好的紓壓法帶你上天堂，不好的紓壓法叫你住套房

壓力山大不是病，但要是紓壓沒處理好，人卻會像得了什麼怪病一樣難受。全身上下，哪裡都不痛快。紓解壓力，現代人沒有人不需要。但是，我就問一句：你是真正恢復元氣，還是不自覺走向失衡？紓對了，心情像彩虹，宛如置身天堂。紓錯了，快樂一下下，苦痛恆長久，簡直比股票套牢還慘。

紓壓的慣性行為，很大一部分決定了我們身心靈健康與否、平衡與否。正所謂「萬般帶不走，唯有業隨身」。心靈的記憶、身體的衝動，都會造成一些結果。如果你是醒覺的、你是懂得反思和精進的，那麼，你將會十分樂意為自己塑造許多良善的慣性，以收穫美好的結果。

別用貪與嗔替自己打造出地獄景觀

從紓壓這件事來看，越紓壓日後反而壓力越大的，比方說熬夜打電動造成睡眠負債、上網亂亂買把信用卡刷爆，變成真正負債。或是跟姐妹抱怨某人這樣那樣特別糟糕，複習怨恨還把自己形塑為一個受害者，揹著負著感情債，那下場太慘，我都不敢看。也有人的慣性是怒吃怒喝，攝入過量的酒精、咖啡因、精製糖或其他刺激性物質。睡眠不足、嗔恨心強化、貪欲的放縱……，你倒是說說看，這哪一個能叫人恢復元氣？都不能嘛！連慧眼都不用打開，你拿肉眼就能看出來。

從另一個角度來看，紓壓紓得好，人生沒煩惱。越紓壓越健康、越幸福的方法，其實你根本都知道。比方說親近大自然和小動物，看山看海、跟愛犬玩耍賽跑。或是結交有智慧的人、正能量爆表的人，多與風趣幽默的人相處。也有人的慣性是當工作壓力特別大的時候，特別喜歡去運動，游泳、健身、慢跑、做皮拉提斯。淨化排心毒、增益正能量、鍛煉出強健的身體直面挑戰……，哪一樣會讓人虧到？會讓人日後不爽？都不會嘛！連你聰明的大腦都用不著思考，你用膝蓋想都知道。

別讓智慧之心被套牢！斷捨不良慣性，就是在幫助自己遠離惡業惡果。培養良善的行為模式，好的習慣不用多，隨便累積幾個，你都能享受到福澤值複利累積的好處。

正念減壓，請你跟我一起這樣做：

◎靜心淨心，覺察自省、回望本心

你有體貼自己嗎？你有珍愛自己嗎？你曾為自己做過任何一件讓自己真正快樂起來的好事情嗎？如果都不曾，或者很少做，不妨就從今天開始養成這個利生的好習慣。當眾聲太喧嘩，吵得人不能安息，你只需聆聽自己、聆聽寧靜。靜下來、捨棄多餘的外在裝飾和一切浮誇，好好活成自己滿意的樣子。請讓你自己決定你是誰，而不是讓隔壁老王或家族長老去規定你是誰。

別人不能替你生、替你死、替你吃飯睡覺或拉屎，都不能。唯有你自己能做自己的怙主，自己造惡自己苦，自己行善大家樂。靜下心來看清前因後果，理明白自己內心裡的真實想望，人生短短數十年，千載難逢的人身得之不易，可不好活在他人嘴裡。

◎享受簡單中的豐足，我已經擁有

到處跟人比較，別人碗裡的肉一定比較大塊，別人的另一半都賺得比較多。比來比去，特別容易看到自己的「不足」。特別容易以為自己這沒有、那欠缺，老天爺對自己好不公平，順便還要怪一下祖先都沒有留給自己幾塊土地。不要這樣怪自己沒有，也不用羨慕他人什麼都有。因為這些都是虛妄不實的妄念。

事實上，你今天醒來的時候還有在呼吸、心臟噗通噗通跳個不停還很有力，那已經可以開心撒花了耶。當醫生、照顧過安寧病房之後我特別有感觸，你知道光昨天晚上全世界有多少人睡著以後就沒再醒來嗎？你知道光今天白天有多少人活到一半生命就戛然而止？有戰爭的地方，一顆炸彈下來，一個村子的人不見。有天災的地方，暴風、海嘯、山火、地震、雪崩那是說來就來，沒能幸運躲過的人，人數多到超乎我們的想像。

不去想失去，想想你的擁有。每多活一天，那都是賺到！如果這天你剛好又做了一些有意義的事情，那更是加倍賺到!!

◎隨緣利他不求回報，升起快樂心

贈人玫瑰，手有餘香。我發現我自己在利他的時候最是快樂。不管幫的是小忙還是大忙，如果我的存在，能讓人多幸福一點、多快樂一點，那我就會覺得有價值。如果我寫文、錄影片，有人看了覺得有幫助、有獲得新的啟發，甚至晚上比較好睡，那我也會十分開心。

人類有兩個時間點最是快樂，第一是獲得新知，第二是使用天賦的時候。如果你能使用你的天賦去利他，去為眾人福祉考慮，那你就很有條件與健康、與快樂，時刻不相離。健康＝快樂＝利他，這其中的妙趣，請務必親自體驗看看。

◎修煉慈悲心，換位無我真正無敵

我執越重的人，越容易感到壓力山大。執念像是一塊遮眼布，叫人看不清實相，只願相信自己以為的。偏見、謬誤隨身，身心不爽。善良、智慧傍身，人才真正有了依靠。破解我執很有效的一個方法：換位思考。

如果今天我是他，我也會這樣做嗎？如果今天我也是在他這種環境裡長大的，我還能像現在這樣輕輕鬆鬆嗎？人人都有不容易，如果你能理解他的不容易，那原諒、寬恕就變得容易。

◎哪有必要生這個氣，殺嗔心無悔

不能明白因果之前，有很多事情可以生氣。如果你願意開始開慧眼、開智慧，用慈悲心和同理心去理解、去覺察，那麼，有九成的怒氣，都會自然而然消散。像是雲開見日那樣。而這個日，就是我們的智慧、我們的慈悲。

大家千萬不要搞錯對象了喔，砍錯了馬上被警察伯伯抓走。慧劍拿起來，斬殺的不是敵人，而是自己的無明。

03 當你累到一整個不要不要的，請別忽視減壓之必要

一瓶六百毫升的瓶裝水，你舉得起來吧！不能的來找我，看看是高爾夫球肘還是媽媽手，得治一治。我們凡人，基本上隨便拿起一瓶水，那都不難。但如果要誰連續十個小時都舉著，神仙也覺得累。壓力也是一樣的概念喔！

突如其來的外部壓力，解決了、放下了，那都沒事。但持續時間超過一個月、三個月，甚至是十年，那沒有人可以從壓力中全身而退。輕則慢性疲勞、慢性發炎，嚴重一點的憂鬱、細胞癌化、心血管損傷，再嚴重一點的，算了，太慘了，不說了。你知道嗎？有人心中懷恨、心裡的結解不開，一怨下去，那是幾十年的事，你說這壓力大不大？不大，沒有明天要聯考壓力那麼大。但小火慢熬、慢慢熬，人好像在火鍋裡被煮著一樣，日子難熬。

很多人會跟我抱怨他媽、他爸、他老闆、他老婆、他身邊最親近的一個人，因為他日夜承受著「怨憎會苦」，意思是與討厭的人必須會面之苦。我就問，「那他人咧？現在怎樣？」抱怨的人說：「死啦！」我就笑他，連死人都不放過。是說那個八苦中的「怨憎會苦」，人因為要面對不想面對的，所以才感到苦。如果對方都已經走了，跟你不在同一個時空中，你還覺得心裡苦，那就跟舉著一瓶水不放一樣，瘦啊！心酸啊！

盤點那些忘記紓壓的後果，希望你一個都沒有

為了讓大家更好地、更甘願、更立即地放下，我們稍微來看一下持續性不放下、不宣洩的壓力，可能會對我們造成什麼影響：

首先，是免疫系統出問題。統整多國科學家研究，長期承受壓力可能會降低個體免疫力，使身體更容易感染疾病。再來是心血管系統方面，尤其是脾氣特別不好、易怒、容易與人為敵的人，承受心臟病與高血壓的風險都比一般人高出許多。對自己過於嚴苛，或對他人太過挑剔的，在壓力不得緩解的狀況下，表現出來的症狀是胃部不適，胃潰瘍、胃食道逆流、胃裡像是有蝴蝶在飛，緊張起來不只胃部不適，連腸子都可能反應很大，排便次

數特別頻繁，一吃就拉。

此外，長期壓力最容易擾亂的還有內分泌系統，主要是壓力荷爾蒙皮質醇，長期高濃度的皮質醇，能對人體多個系統造成或大或小總之非常麻煩的損害。長期不紓壓而導致的肌肉緊繃，肌肉疼痛，不比心痛好過。由慢性壓力所引發的慢性疼痛，不管是頭痛、肩頸痛還是下背痛，都不是貼幾塊藥布就會好的。最後，幾乎所有人都曾體驗過壓力導致的失眠。不要以為隔天要見公婆、見外籍主管面試，這種會使人緊張的才叫壓力，校外教學前一天晚上興奮到睡不著，或者要三點起床準備看日出、跑馬拉松，很多人也都沒有睡著。所幸，我們不會天天要面試，或者天天去跑馬拉松，偶爾一兩晚沒睡好，其實對身體影響甚微，可忽略不計。

影響大的一樣是長期的壓力、慢性壓力，當人心裡懷怨「我不甘我不甘，憑什麼我愛的愛別人」、「那個王八蛋騙我一千萬」、「都是原生家庭害我的啦」……情、財、仇是殺人犯最主要三大犯案動機。不是說你會跑去殺人啦，但我就問，你有沒有不自覺在「殺」你自己？在情愛錢財上貪著、在仇恨裡嗔火四起，長期壓力大、長期睡不好，在我看來，其實也像是一種慢性自殺。所以再提醒一次，慧劍提起來斷自己的貪嗔，惡習惡業終能了，劍指天下腥風無盡，冤冤相報沒完沒了。

上面這些，是壓力對生理的影響，還沒完，心理方面的我也一次交代清楚比較完整。疏於洩壓、減壓，日夜壓力山大，像有一座五指山壓著自己一樣的人，可能會遇到一些心理方面的狀況，首先，是情緒方面的不穩定，焦慮、憂鬱、暴躁、驚恐……都有可能。再來是認知功能的降低，不是失智症才會有這種症狀喔！壓力會影響到人的專注力、記憶力和決斷力，一樣，短時間沒事，但時間一長，就會很有事，甚至有大腦結構改變的案例發生。

從行為方面來講，壓力大會怎樣？很多人第一時間不是想辦法找正確的方式紓壓，而是不小心沉淪沉溺在一些愉悅一下下，痛苦恆長久的不健康行為當中，比如網路成癮、暴飲暴食、酗酒、沉溺賭博，甚至是藥物濫用，這些是比較外顯的。另一種內縮型的，是因壓力導致社交退縮。這邊稍微區隔一下，有意識的專注閉關，可能是在寫程式或完成一部曠世巨作，跟因為難以承受壓力、不自覺地逃避繭居，是完全不一樣兩碼子事。前者是在用功，很棒！後者則需要慢慢找回身心平衡才好。

無論你的壓力源來自何方，工作壓力、經濟壓力、突發失業、突然一場大病、突如其來一場大變故，我們處理的源頭，都在心。靜心修心煉心轉心，各式各樣的藏傳祕訣，我將在本書第二、第三章中悉心描述。希望你能順利吸收、閱讀愉快。

04 本書的使用方法，一週看一篇就好別太辛苦

因為這本書講的是紓壓嘛，輕輕鬆鬆閱讀即可，千萬別太認真！後頭會教許多紓壓法，但請別強迫自己全部都要做到，你這樣換我壓力很大！

從我第二本書《靜心．淨心》開始，我都採取第一章導論、第二章修煉、第三章加碼送這樣的結構在寫書。越寫越白話、越寫越簡單，因為我希望越來越多人能看得懂。若有不小心太艱澀的字詞，不好意思下次改進，你先跳過即可。重要的觀念我會反覆提及，至少講七遍，因為培養出一種良性的健康慣性，說實話並沒有很容易。江山易改，不利生的習氣難移，重建大腦幸福迴路，必須不斷深化、串習。所以你看這本書，很有可能會覺得我有一種很囉唆的感覺，哈哈，沒錯，我就是要講到你閉著眼睛在睡覺，都還是活在善循

環中、不斷進步，要到這樣的程度。

最重要的事情，我會換句話說、換著例子來說，是因為要帶大家透過重複思量，將利生習氣好好養起來，使幸福慣性越來越穩定。就像農人埋了一些種子在田裡，不是兩手一攤去旁邊納涼，時不時，他都還會去巡一下田水。我不斷重複反覆去講，目的就在這裡。提醒你也提醒我自己巡田水，巡好心田，比什麼都還重要！

長期投資穩定收益，財務自由之前，先讓「健康自由」

重頭戲第二章有五十二篇，每篇後面都有一則減壓處方箋。為什麼五十二？因為它是一個吉數，剛好一年五十二週，你每週看一篇、想一想、化為行動，連續鍛煉一整年，會有意想不到的成果喔！對身心健康的加持，比銀行的複利還高。我有讀者真的一週一週這樣練習，還寫心得筆記拿來給我看，我感動得要命。看到大家越來越健康、心理負擔越來越輕，我真的很開心。謝謝你們。

因為大家現在都忙，一下子看十萬字的時間和專注力可能都沒有，所以我特別一週一篇這樣子寫，閱讀起來比較沒負擔，篇篇獨立，隨翻隨看，可以跳著看，不會影響理解，像翻雜誌一樣。當然，如果你是有文殊、文昌加持的讀書人，一口氣能看完整本，那自然也是沒問題的，我崇拜你。至於那些看到字就頭痛的人，這本「課本」你買來放在書架上就好，掃描一下本書前折口的 QR Code，上 YouTube 看影片去，我兩個頻道加起來六、七百部影片，有主題式的、有演講紀實的，你從那裡先理解，頓悟漸悟都好，回頭再來看書，搞不好就能一目十行。不能的，一目一行，只要能靜下心來讀一行，那也是賺到。

偷偷告訴你，我其實從小就是個不愛念書的小孩，很多書不管是經書還是閒書，我看起來都像是天書，都是有看沒有懂。後來遇到一個高人教我，「沒辦法吸收的，就先放一放！」放在桌上也好、擱在床頭也好，跟它親近親近，讓它認識你。你之後要認識它，就不會陌生。

跟前面《靜心・淨心》、《簡單豐足》、《快樂醫學》、《不生病的藏傳煉心術》、《不生氣的藏傳養生術》這幾本一樣，第二章五十二週的部分，大家還可以把它當成籤詩、解答之書如此使用。心裡有事、心裡頭壓力大的時候，隨便翻，或許裡頭就能出現你要的答案。這本書也可以當成這樣理解自心的輔助工具。歡迎多加利用。

每本書第三章，它們都是如同贈品一般的存在。《靜心・淨心》第三章講二十四節氣，連心靈的部分也照顧到，是跟市面上二十四節氣書比較不一樣的地方。《簡單豐足》

第三章最豪華，提供了一百則高投報養生好點子，我將陸續做成短影音，在我個人頻道中釋出。《快樂醫學》第三章無病無憂無敵快樂 A to Z，用二十六個英文字母帶出快樂主題。《不生病的藏傳煉心術》這本賣得特別好，還入選誠品年度百大，多謝多謝。煉心術第三章是很有趣的時間醫學，按春夏秋冬教你養生技巧，其中比較有意思的是古法「噓呼吸」、「呵呼吸」、「嘶呼吸」和「吹呼吸」，有興趣不妨跟著練一練，調理好五臟六腑，特別舒服。至於去年出的《不生氣的藏傳養生術》第三章分三個層次，醫於未怒、止於將怒、治於已怒，共教十二招不生氣的方法。

自己的福澤自己賺，壓力再大都能從容應對

現在你手上這本《不生病的藏傳紓壓術》的第三章，是我們藏人培蓄福澤值的經典六招，包含利他、自律、安忍、精進、靜心淨心、開智慧／滅貪嗔癡。為什麼要教這個呢？因為我認為，人的福澤值越高、精氣神越飽滿，能處理的壓力值也就越高。

試想，當你手機電量完全充滿，是不是很安心、出門都可大步走、能肆無忌憚地使用智慧手機的所有功能。但當電力掉到只剩一格，是不是做什麼都沒有底氣？不敢打電動、

不敢發廢文、不敢看短影音，就連回訊息都長話短說，深怕突然沒電錯過財神爺的電話。福澤值也是類似意思。就像你手機裡的電量。福澤值越高，你能做你敢做的事越多。如同前面說的，壓力老積在身上不是辦法，積出毛病辛苦的也是自己。能解決的你親自動手解決，不能解決的你輕輕將它放下，不再牽掛，能夠這樣子去處理壓力，管它幾斤幾兩重，對你來說都會像是羽毛一般，舉重若輕。

誰這麼厲害？即便身負重壓、面對天大難題，但因為自身才力高超，所以應付起來輕鬆自若，就像喝水一樣容易？絕對是福澤值高的人！倘若一個人衰到爆，爹不疼娘不愛事小，福澤值低下、能量低下，可就糟糕了！別說什麼拿羽毛舉水瓶，啥事都幹不了、啥事都難辦，就連一根稻草都能把他壓垮、身心靈全面崩潰。這就是能量高與能量低的差別。第三章累積福澤、強化心靈能量的六個方法後頭慢慢講，希望你會喜歡，並且多加運用。

第2章

面對處理放下，52週與壓力的直球對決

01

浮誇退散，別讓一分的討厭放大為十足的憎厭

心寬身自安，身安福壽來。一日無妄小神仙，善養慧命，我們從來就不需要從身外去覓仙方。機車的人不能叫你寬心，愛惹麻煩的人也不能給你自在。寬坦、自在，向來都是你自己給你自己的。每天每天，如果沒有妄念、妄想這樣的「幸福小偷」，來偷走我們的愉快時光，那麼春有百花秋有月，夏浴冷泉冬滑雪，天天都可以是人間好時節。

妄想有著浮誇的特質，它可以讓一點點討厭的人，變得十分討厭。一分事實，九分妄想，加起來就是十分糟糕。妄念具有浮誇的性質，它可以叫一點點的喜歡，變成十分貪戀。一分可愛，九分妄念，加起來就是十足霸道，非要不可，怎樣都不可能放手。一個是嗔、一個是貪，這兩樣都能狹窄視野，縮小我們原本比天還開闊的胸懷，叫人只能從一個

小小的洞口中以管窺天。如此理解到的世界、觀察到的現象，自然都不是真相。錯漏百出、偏誤難解，因而為自己招來一些不幸和事與願違，那都有可能。

莫須有的恐怖與顛倒，盡數散去

誘發妄想妄念的這個對象，或讓你很討厭，或讓你很喜歡。當這個對象出現時，應立即回望本心，去檢查自己的心識狀態。以避免誇大性質的美醜愛憎，遮蔽了萬事萬物互即互入、相互關聯的這一個重要事實。浮誇的貪、浮誇的嗔、浮誇的恨，容易讓我們將境遇看得過分美好或過度恐怖，皆不利於心安。

西方心理學家說，客觀去分析令我們憤怒的對象，會發現其中有九成的醜惡源於我們心中的誇飾與誇大。東方得道高人也認為，若能解除嗔心、貪心的非理性作用，有九成的煩惱根本就無需煩惱。我認為東西方講的都是同一件事，原本只有一，千萬不要自己再去加油添醋、再去放大。

抱怨多多、煩惱久久，春被蟲咬秋過敏，夏天中暑冬感冒，常年屁事掛心頭，天天都是人間慘時節。自己用妄想妄念加油添醋的下場，就是褲底全是鬼，到哪裡都恐怖。去除貪嗔，只剩下「一分」的煩惱，那就很好對付啦！沒有無明之擾，觀察前因後果、理解緣起都更容易，很多的合和聚散，都可以被你掌握、促成。我自己的經驗是，當我心能真正靜下來的時候，何止活在當下，簡直都還能「預測」未來呢！將要發生什麼事，看得是一清二楚。

一個能夠駕馭煩惱、曾經滄海還把笑容給找回來的人，真正能勝任任何艱鉅。當別人都還在被十分的艱鉅壓得喘不過氣來的時候，只需要應付一分的你，看上去還真的像是神仙一樣從容又厲害呢！幹嘛從身外覓神仙，屁事煩事怨懟皆不上心，自己當回神仙豈不是很痛快？

庇蔭往來攬清風，終結痛苦對立

驅動迷亂循環的錯誤偏見、認知，這一週，我們就霸氣終止它。珍愛自己，從珍惜自己的清朗明智開始。

「莫同天下人與惱熱，願予天下人作陰涼。」狹隘心、自私心，拉自己和身邊的人一同跳進無明火海，時刻受燒灼。而寬坦心、利他心，把自己變成像是大樹一樣，不僅自己茂密翠綠十分好看，還為來來去去的行人提供遮蔭，多好啊。

有大樹的地方，就有涼涼的風。一想到可能有人因為自己的存在而幸福，或享受到便利，自己也會覺得自己有價值，會很開心。能幫上忙，不管大忙、小忙、順手忙，那都很好。而這大大小小的利他，都將轉為喜悅的資糧，予人清涼，也令自己喜樂。

減壓處方箋01 好惡放兩邊，悟字擺中間

對於自己喜歡的對象，我們很容易過分貪愛，覺得他做什麼都對、他怎樣都好。而對於我們討厭的對象，我們很容易過度憎惡，覺得他做什麼都錯、他怎樣都壞。愛恨分明，愛就愛得徹底、恨就恨之入骨，若常以這樣的方式與人互動，將為自己帶來許多不必要的失望和麻煩，也容易使自己背離事實眞相。

預防求不得、放不下之苦煎熬身心，請釋放執著於好惡、那個固執的自

己。閉上眼睛，深吸一口氣，使全身充滿新鮮的氧氣，再次打開慧眼，你已然放下貪愛與嗔厭，並將執念、妄念一吐而盡。此時此刻，你與宇宙之心連結，完全理解實相，沒有好惡，沒有偏見，沒有任何看不慣的事情，更多的，是領悟、是理解，是慈悲與同情。

02

悲觀地預期苦痛毫無意義，在煩惱發生前解決才能稱為預防

有些人很有遠見，能看到某個產業即將衰退。有些人洞察力很強，能預見人工智慧即將取代現有的部分工作。有些人對老化瞭解特別多，很知道失智症、關節炎、肌肉流失、多巴胺系統退化究竟是怎樣一回事。不過，這些預視和遠見，可不是用來打擊人、叫自己故步自封的。預知苦痛，不為哀嘆，而是為了無所畏懼。這些千金難買的「早知道」之所以有價值，是因為它們是預防路上極為寶貴的資訊，讓我們可以在苦痛、煩惱顯化以前，巧妙地去化解它。

能解決的解決、不能解決的接受，去擔憂去恐懼，那都是多的。好消息是，就算是很糟糕的事，也不可能是永恆的糟糕。外境外物總是隨著各種因緣不斷變化，能理解這個事

實的人，擔憂和恐懼，那都是少的。

預防性紓解可能面臨到的壓力，下面四個意想，我們一起來想一想：

◎今天剛好是我最年輕的一天

餘生不管還剩下多少天，今天，肯定是你最年輕的一天！有什麼想做的，儘管放手去做吧！不要因為覺得自己老了而打退堂鼓，明天你會更老。不要等到如何如何，你才願意怎樣怎樣。即知即行，即行即知，不留遺憾即是圓滿。不甘望之興嘆，歷遍山河親自在紅塵裡走一遭，才曉得人間值得！

◎真的可以毫無顧忌愛上自己

愛上自己，只要不要做到讓自己變成水仙花那樣的程度，那都無傷。對發掘自己的優點很感興趣的人，看到優秀的人會得到的是靈感而不是自我厭棄感。越能理解自我生命的可貴之處，越是不需要依傍旁人的幾句稱許。毀譽不驚、寵辱不傾的人，宛如一塊穩重的磐石，風言風語吹不動，淡定又從容。

愛上自己、愛著自己，我發現很多人都不會。如何練習？結束一天前，回想三樣今天自己值得稱許的事情。不必每每都是勇奪奧運金牌這樣的大事，帶小狗安全通過馬路、有趕上垃圾車這種小事也行。不向身外求提拔，你自己就是自己最合宜、最契合的充電樁，你每天都可以像這樣替自己回充生命能量。

◎擁有被討厭與被拒絕的勇氣

芹菜有幫人抗發炎、控血壓的本事，但因為香氣特殊，經常被拒絕。貢丸湯喝完，徒留碗沿一圈芹菜末，都被切成末了，討厭芹菜的人還是跟它苦大仇深。食用豆腐、豆漿等黃豆製品，有助於調節雌激素水平，對緩解更年期不適和在預防乳癌上，都是頂好的。卻仍有人嫌棄豆腐是便宜玩意兒，不把它放在眼裡。

芹菜沒有喪氣，豆腐也沒有哭泣，有營養價值就是有那價值，並不會因為被人討厭而變得比較不營養。人也一樣。人家說你是豬頭，並不能改變你這顆是人頭的事實。被討厭的時候，想起芹菜和豆腐的處境，或許就不會那麼難過！你很可能也屬於「香氣特殊」族群，擁有獨特（但別人可能很難理解）的天賦，高興都來不及，哪還有閒工夫難過？

◎用良善言語與思維模式轉運

去佛寺、到廟裡拜拜很多人是為了轉運而去。為什麼有用呢？不是仙佛看你可愛，免費送你一卡車好運氣。而是因為親近有智慧的出家人、長者，或看到牆上的勸世文、勸善雕塑與壁畫，而得到良善加持。是因為你開始存好心、說好話、做好事，自己幫自己耕耘福田，才替自己招來的好運氣。

知道原理後，其實也不一定每次都要去能量點才能獲得「加持」。我都說「善護念、善護念」，養成身口意不離良善的習慣，習慣性持正念行正道，福神肯定樂意同你一道。

減壓處方箋02 訓練自己隨時隨地，都能回憶起開心的事情

在暗黑裡求不得光明，負面能量很強的任何人事物，都不能幫人紓壓。所以其實也不必外求，智如日、慧如月，真正的光明，是你心裡的智慧常明。這種心燈被點亮的感覺，我發現，憶念快樂的事情，是很好的火種。每想一次，

每笑一次，每開心一次，都是在強化正向的思維迴路。

觀想快樂的事，人真的會變得更快樂。過去快樂的回憶，有助於創造今日的美好。這並非什麼魔法，而是一個確實有用的方法。透過觀想、興起善念，思想首先跟感覺產生連結，接著產生實際行動，最終顯化出快樂的結果。所以我認為一定要訓練自己隨時能想起開心的事情，要維持這樣的心靈活躍度。如果不能，可能是因為 Data 不夠、素材不足的緣故，不妨從現在開始替自己創造美好回憶。有時間快樂，就沒時間煩惱！

03

失去未必不是福氣，但爭執肯定會失了福氣

熱衷與人計較得失，日後往往失去更多。譬如夫妻間的爭執，辯贏的一方得了道理，卻失了恩愛。在商業場上爭執，雙方還沒分出勝負，卻已經一同失了應變局勢的先機。你看啊，鷸蚌相爭，漁翁每每得利，要是哪天鷸蚌不爭了，漁翁就涼了，再也無法輕鬆撿到任何便宜。這一世，如果小鳥跟蛤蜊都決定不爭了，改開格鬥直播、接受打賞，或哪邊涼快哪邊避暑去，一拍兩散各自安好，如此便都能讓自己活久一點、活好一點。

尋常人相爭，互相爆料，引來的嗑瓜群眾，其中有幾人對真相真理真正關心？多半是看著熱鬧、瞎起鬨而已。不做他人茶餘飯後的談資，把相爭的精力和時間省下來，去製作一些好的、有趣的內容，經營頻道豈非更好？即便對創作沒興趣，把時間拿去睡午覺、去

戲水覓清涼，都好過成天和人吵吵鬧鬧、動不動呼人來支援輸贏。

嗔心不起、不爭一時，可以保護到自己和對方，都不受到傷害。這才是真正智慧又仁慈。擁有良好的心靈品質，你連呼吸都在為自己累積福氣。幫助任一個生命離苦的福報是長壽健康。「抱歉抱歉」、「不好意思」、「對不住啦！」嘴上柔軟、身段更軟，但心意卻是很堅定的，堅定將無害心升起來，避免興戰，舉世無傷，這是真正的智慧與仁慈。用自己的善良守護自己惡念不興，這是「善護念」的其中一種應用。

最有本事的人從不輕易興怒，最能守住福澤值的人通常很難為小事抓狂爆走。在善慧正道上走好，不因他人之惡跌倒，兩個清心小祕訣，和你分享：

◎包容諒解多一點，心血管輕鬆一點

在還沒能把敵人視為貴人、視為自己的如意珍寶以前，不妨先試試來珍愛自己的心血管。控制血壓飆高、預防心臟超過負荷，擁有一顆平和寧靜的自在心，絕對要比懷抱一顆狠戾必爭的計較心，更具有長壽健康的優勢。

嗔火無情，一把火燒起來，不只自己，鄰近的生命全遭殃。覺者有大愛，宛如眾生的移動式冷氣，所到之處皆生清涼。包容心寬廣、諒解心慧性昭明，對升級智慧有興趣的你，不管天雨天晴，外頭局勢如何，他人待你又如何，都要時刻守護好心識，千萬別輕易叫貪嗔給耽誤。

◎好勝殺死人，好奇為洞見開新思路

於顛浪紅塵中安然自處的三大利器：好奇心、玩心（赤子之心）和幽默感。保護自己不受惡劣情緒蹂躪，當你帶著好奇心去看自己和他人情緒的來去升降，必有所得。不把負面當負面，而把它視為素材，那你煉出來的就不會是毒藥，而是黃金。

執見特別深的人，特別不懂觀察，即便解決方法近在眼前，還是瞎了眼一般，只會生氣。而好奇心、玩心、幽默感越多的人，越會覺得在人世間走跳樂趣無窮，屬於真正的明眼人。看什麼都饒富興味、什麼都喜歡，唯獨不喜歡生氣。無無明，看什麼都清楚、都可愛，自然生機無限。能隨時開創新思路，走到哪都不怕沒有活路。

塞翁失馬，失去未必不是福氣，但總和人起爭執，失去的肯定就是福氣！明朝蒼雪禪師曾寫下：「松下無人一局殘，千古輸贏下不完。」我覺得特別有意境。何嘗不是呢？世事如棋局局新，舊的沒完、新的還來。要我說，弈心無受勝負役，懶爭高下較錙銖，喜敗無嗔神仙羨。面對出於無明的任何紛爭，不必勤勉。懶得計較、淡薄一點，恬靜自來。

減壓處方箋03 歸心安住當下，過去和未來都傷不了我

在當下每個瞬間的體驗，那是真的。過去的悔恨和對未來的憂慮，那都是虛妄不實的。做個快活逍遙人，快樂喜悅的先決條件，需要你全副身心靈皆徹底投入於眼下的人事物。若想品嘗世間況味，一邊玩著手機、抖著腳，那可品味不出來，只能七七八八嘗個大概。最慘的人，身在人間，心卻在嗔獄，老想著念著一些可惡可恨可憎的，身心靈不在同一個頻道上，身心分離最是虐人。

正所謂，「今朝有花今朝賞，明日愁來明日愁。」該睡睡、該吃吃、該幹嘛幹嘛去。有趣的是，像這樣總把每一個當下盡興活好的人，哪裡還會有什麼隔日怨、明日愁？即便有，那也是很少很少的。歸心安住的每一個當下，每一瞬，那都是幸福圓滿的。

04

生活練習，從糟糕的現實中看出美好的真實

從糟糕裡竟能生出美好？看到這個標題，你或許心中感到疑惑。我說，當然可以啊！在西藏，我們說：「煩惱即菩提。」煩惱大、壓力大，那都不怕！反而值得歡喜。因為有了對境、有了素材，再經過靜慮、煉心的過程，所悟證的智慧與快樂，自然都不會小。

誤以為糟糕的現實真的很糟糕，那才是真的糟糕了。如何看出美好的實相，我有幾個想法，分享給你：

◎一般人喜勝，一流人喜敗

大部分人都不喜歡輸的感覺。我就問，你是真的不喜歡？還是在受教育的過程中悄悄

被植入了「一定要贏」、「要比別人厲害才叫優秀」這類的信念？像這樣的限制性信念，我稱它為精力小偷，它不只用掉你的力氣，還耽誤你感受快樂。世事如棋局局新，千古輸贏下不完啊！總是愛比較愛計較，最是傷身又傷心。

一流人喜敗，這個喜敗有三種層次。第一種是真的太厲害了，都沒有對手，大約類似籃球高手感嘆，「我在空中已經寂寞很久了」這樣一個畫風。偶然間球逢敵手，遇強則強，多快樂啊！能夠拿出真正實力去較量，即便戰敗，也打得過癮，輸得歡喜。

第二種喜敗則是出於愛。有一對年齡相差很多的兄弟，都很喜歡下棋。對弈時，哥哥常常會故意輸，因為他很喜歡看到弟弟開心的樣子、覺得特別可愛。輸了棋局卻贏了兄弟情分，這樣的輸，相當大度。

第三種喜敗是因為有智慧。從來不怕被「占便宜」，我家鄉的老人家都認為，「我若失了便宜，則眾怨消矣。」嫉妒、怨念深的人很是可怕，什麼事都可能做出來。贏太多的人不能不防備。敗的人反而很輕鬆，不招妒、不惹怨，檯面上的敗，一點都不影響自己真實的實力，卻能避免引來災禍，怎叫人不歡喜？

◎過多追求過分妄想，都是多的

刪繁就簡，刪掉煩躁，世間自然美。把過多的追求、過分的妄想通通刪掉，心裡輕鬆、生活簡單，那你看到的、你體驗到的，都會很不一樣。比方說建築大師某天蓋了一棟很漂亮的房子，外面卻有很多亂七八糟的電纜、路上滿是行人隨意丟棄的垃圾，再美的房子任誰都無心欣賞。我們的本心好比那漂亮的房子，而電纜、垃圾就是那過多的追求和過分的妄想。不斷淨化、除汙、排毒到沒東西可刪減時，美麗的人事物自然而然更容易顯現出來。先嘗試簡單，後體驗豐足。因貪求妄念而耽誤的美好人生，這一世，我們自己把它拿回來。

◎獨守善，孤高一回又何妨？

我家鄉梅里雪山的卡瓦格博峰，在我們心中是相當神聖的存在。還有喜瑪拉雅山的聖母峰，這些最高峰，哪一座不是又孤又高？看雪山，我心裡想的是，一座孤峰扎在群山堆裡，怎麼會那麼好看啊！在對的時間，峰頂還會變成金色的呢！

你看啊，那些特別厲害的動物，很多都喜歡獨行，譬如雪豹。如果你也特別厲害，孤高又何妨？不必特意去迎合他人，也不必跟人唇槍舌戰，更不用違背心意去說一些口不對心的奉承語。遇到不喜歡不認同的，微笑待之，話不用多，沉默無妨。遇到真心喜歡、同樣又善又慧的，微笑待之，這時候再稱讚、再認同就可以了。想想雪山、想想雪豹，孤高獨行反而成就天地間大美。不得善友時，寧獨守善，不與愚偕。

減壓處方箋04 睜一隻眼閉一隻眼，體貼地為對方保留成長空間

明智的人、開悟的人，常常都會不小心「知道太多了！」尤其靜心煉心有成，會比一般心慌心亂的人，多看到未來至少三步。這時候，你可以去投資理財、你可以幫自己和別人趨吉避凶，有很多好事情可以做。唯獨一點，不要做：用自己的聰明才智去指責他人愚昧無知。

看不慣別人，是自己的問題，需好好反省自己，而非鞭笞他人。在靈性成長的路上，有人是大學生、是研究生。但也有人剛從動物靈轉生，頭一回當

人，才在念幼稚園而已。慈祥的老爺爺老奶奶，看小奶娃學走路，歪歪扭扭，軟腳又跌倒，都不會取笑，反而會鼓勵、稱讚小娃娃多走了兩步、三步。願你我皆擁有同等的善良與慈悲，能預見他人未來潛能的發揮，不因對方當下的疏漏，迷了自己一雙慧眼。

05

看出不完美也很美，是我們的人生功課

挑錯、剔除瑕疵，那是校對和品管員的工作，越挑剔越顯得專業。而看出不完美也很美，則屬於我們的人生功課。在西藏，能充分感受美好、幸福與快樂的人，我們會說他是一個很有福報的人。很有福報不是說你銀行裡有幾千萬、土地一大堆、台積電好幾張，都不是！重點在於一個個體感受幸福的能力，是否給力。如果你連喝一杯白開水都覺得甘甜、吃一口白飯都覺得挺香，那就是了！你的福澤值肯定不低。

現在請稍微回想一下，當你在人間走跳，是讚嘆、感激的時候多一點呢？還是不屑、討厭的情緒時常會出現？我直接洩題給你，讓你走個捷徑，選前面那個啦！習慣性讚美、感恩，好處一籮筐，你親自試過便知道。

事實上，去放大關係上的瑕疵，完全不能顯出自己明智或者眼力好。我認為，能創造出任何一種形式的美好，或者具備感受美和幸福的能力，那才叫高手。人若困在小細節裡吹毛求疵，過度聚焦、過分關注不美好的部分，不舒服的感覺也會越來越強烈。過不了多久，就會感到壓力山大。腦疲勞、慢性疲勞、自律神經失調、憤怒失控、人生步調失速……什麼身心不平衡的狀況，都有可能發生。

這一週，我們來學兩個自我療癒和放鬆的心法。

◎變化不全然是劣化，殘缺中亦有美

於無常中，世間萬事萬物萬萬人，無時無刻都在變化，然而變化不等於劣化，對於變化能欣然接受，還能看出它的美好之處，是真正的眼力好。比方說壯年人變成老年人，我就不會總把它看成是劣化、惡化。在經驗老到、沉穩老練這方面，老人家搞不好吃過的香菜比我吃過的白米飯還多咧！有些長輩老當益壯比我還會養生，而有些學富五車，讀過的書疊起來比他自己身高還高。

當然年紀大，骨質和肌力都比較容易流失，但如果你有做日光浴、森呼吸、愛運動這些利生的好習慣，你對身體協調性的掌握度，肯定比成天躺著滑手機的少年人還強。永遠別忘了，健康到老（Healthy Aging）的第一個先決要件就是：「樂觀地看待老年。」

此外，你還可以把「老年」替換為其它詞彙：樂觀地看待人生、樂觀地看待阻礙、樂觀地看待分離、樂觀地領略無常。經常去創造美或者體驗美，慧眼慧心打開之後，你將能在殘缺中窺見整體、於不完美中看出美麗、自有限中看出屬於你的無可限量。

◎用心體悟，剛剛好，那就很好

太喜歡是貪、太不喜歡是嗔，不知道自己喜歡還是討厭，那是白癡。在西藏，貪嗔癡我們把它們視為對健康有害的心靈毒素。修行、煉心，很大一部分工作就是在去除這些執念和心毒，最終達到理解實相、理智清明的美好狀態。

健康到老的第二要件為：「剛剛好。」你拿你需要的，你吃你足夠你維持生命的，這叫剛剛好。拿太多、吃太多、要太多、期待太多，這所有過多的渴愛，都屬於貪愛，有毒、傷身就是這個。你能理解自己的不舒適不愉快，能釐清前因後果，因明智而安忍、不暴躁，這叫剛剛好。拿自己的不愉快去發射核子彈，去找衰鬼出氣，去和同樣不明智的癡愚之人較量、大逞口舌之快，這些超標的怒氣，便是嗔恚。天下至毒唯嗔毒莫屬，不只毒殺自己，連池魚都被牽連跟著遭殃。

但你不用去討厭自己的嗔心或者貪心，要知道，不管是哪一個，它們都是你的心啊！只需要去平衡那所有的過猶不及，過分的，減殺；不足的，補上。常常這樣練習，你感知快樂的能力也會隨之增強，一杯茶泡得剛剛好出味、一顆橘子剛剛好熟透，你剛剛好路過人間領略到順與逆皆是良緣。自己去找出自己的剛剛好，那就很好！

減壓處方箋05 相信宇宙間的萬事萬物，都是我的療癒

這一招，我是跟慈悲又充滿智慧的老藏醫學的。他們視世界為藥師佛的壇城，在藏醫藥學脈絡中，宇宙間萬物無一不是藥。溫泉可以是藥、檀香可以是藥、雪水可以是藥，動植物礦石皆可入藥，甚至一句良言、一抹微笑，那都可以是藥。

誰說不是呢？當人願意靜心淨心，回眸再看一眼自己的人生，不再怨命不

能改，更願樂見運還能轉。此時，全世界都對著你微笑。誰說不是呢？當我願意放過別人的瑕疵，願意放過自己，改用慧眼慧心重新解讀世事和境遇時，我終於發現，原來，世間萬物都在療癒自己！春雨是多麼溫柔、花朵是那麼繽紛，朦朧寂寥的殘月是如此孤高幽玄、傲雪凌霜的冷杉又是多麼無所畏懼。

你我都不必是個詩人，卻都能讓生活充滿詩意。只要你願意，願意凝視並且接受，來自天地人間、寰宇八方的善意，成為你的療癒。

06

別期待全世界為你鋪紅毯，反脆弱的我們根本就不需要

面對坑疤泥濘的道路，你需要的不是一條比萬里長城還長的紅地毯，又不是在走星光大道。一雙高筒護腳踝的防水登山鞋穿上去，即便遍地碎石，那也用不著擔心。過度在意安全感、舒適圈、抗過敏、抗創傷、抗這抗那……，把自己「保護」得太好，風雪不沾，日子反而更難過。一點小小的衝突、突發狀況出現，經驗不足自然手忙腳亂。幾句嘲諷、辱罵的難聽話進到耳裡，玻璃心馬上碎了一地。

髒養風時行，跟微生物交個朋友

西方學界研究過敏兒，發現越是保護越是讓嬰兒從小都不接觸任何「髒東西」，在過分純淨環境下長大的孩子，反而容易過敏！不難理解，在免疫力最完善的孩童時期，身體沒有趁機認識微生物、沒有建立免疫識別資料庫，長大後只要遇到「不認識」的，縱使完全無害，身體也會立刻喊打喊殺，出現各式各樣的過敏反應。包含我，大部分的醫生也都認為，適度接觸大自然、走入森林、親近土地都能提升機體健康，無需過度保護。

我們生而為人，有很多了不起的「功能」，請一定不要放棄使用它。譬如「反脆弱（Antifragile）」便是其一。上健身房做重量訓練，肌肉不會因為你給它重量而碎掉，反而會展現出力量。同樣的，我們的頭腦，越用越靈光，我們對壓力的承受力，也是越面對越強悍。

為你的抗壓力賦能，下面我準備了一些心靈能量補充包，共有三種口味：

◎瞭解因果，遠比爆怒掀桌更重要

遇上討厭鬼找碴，一般人通常有兩種反應，第一種，考慮到之後還要領他薪水，只好忍了，但是吞忍得好不甘願，都快要內傷了啊。第二種，管他媽媽嫁給誰，怒氣怎麼射過來我就怎麼噴回去，要戰是嗎？來啊來啊，我才沒在怕。

而有第三種反應的，我都說他是高人。怎樣反應呢？不管任何情緒上來，都不被情緒左右，還會趁機去考察運作運行的原理，去思量前因和後果。去拆解自己今天會怒、會哭、會憂慮，背後真正的原因是什麼。而真正應該處理的又是什麼。如果你認為找到原因們（會造成一個事件的原因通常不只有一個）比掀桌更重要，恭喜你，你真正是你自心的主人，在這個世界上，沒有任何人可以奴你虐你或煽動你。

◎你的寶貴價值不在他人身上或嘴裡

別老是從他人口中認識自己。當然從別人口中，我們可以獲得一些客觀資訊，比方說看上去變年輕了，或是最近吃比較好胖了。稍微參考一下就好，若懶得聽、想完全不予理會，那也是可以的喔。別人的觀點、判斷，不比真正的現實重要。比方說，某人說你胖了，其實是他眼瞎，你一量體重，根本已經瘦了十公斤。他口中的胖，跟體重計，誰更準一些？

你的生命是珍貴的！是很有價值的!!我希望你能看見你內心閃亮亮的善良和智慧。一個人若只能從他人嘴裡知道自己的近況、過得如何、混得怎樣，那麼我會說，他跟他自己不熟。就好像一頭大象想知道自己生成什麼模樣，卻找了一群盲人來摸，有人說長長的、有人說平平的、有人說細細的，全都不是真相。

自己了不起的地方，自己要會欣賞。從你開始當自己頭號粉絲那一刻起，全世界的花朵將為你綻放？當然不會！又不是在演迪士尼動畫片。但起碼，你自己的生命之花肯定會美美地盛放。

◎戴上感激眼鏡，回眸再看一眼人生

焦慮不安是人的本能，連害怕都不會的遠古祖先，早就不知道跑到哪被野獸吃掉了。連擔憂都不懂的，也可能因為沒有存糧早就沒戲唱。我們的基因之所以得以延續，是因為我們都懂得未雨綢繆和規避危險。

當你自覺焦慮太多、對未來不安，恐懼太過、對某事或某人厭惡感直直飆升的時候，答應我，你一定要為自己做一個動作：戴上感激眼鏡。細數你擁有的，仔細看看那些早已將你包圍你卻視而不見的幸福。算著算著，你會發現，雖然沒有幾個億，但有幾隻可愛的小狗對著自己搖尾巴，真好！多多算擁有的，少看兩眼沒有的。其實世界從沒有虧待你，只願你更珍惜你自己！

減壓處方箋06　拿回自己人生的詮釋權，從有趣的角度解讀惡語

我醫學院是在台灣念的，有一回去身心科見習，裡頭的病患笑我是「蒙古大夫、蒙古大夫」一直這樣叫，護理長怕我內心受傷，連忙制止他。記得那時候，我笑笑說，不是蒙古喔，是西藏。我覺得他並非嘲笑，而是在搞笑，所以完全不受他影響。當兵的時候被班長從頭頂罵到腳底，也沒覺得怎樣，反倒心裡想：「這班長口才眞是太好啦！罵人罵這麼久，沒有一句重複耶。厲害。」

今天有人叫你豬，可能是他喜歡豬吧！應該是在說你可愛。今天有人說你狡猾，未嘗不是在反著稱讚你聰明靈巧呢？行走人世間，在理解實相的間隙中，穿插一些幽默感和小俏皮，一點都不礙事。人間可愛，人間值得愛，我是這樣詮釋我的人間。你又是怎麼看的呢？但願它足夠溫暖、足夠美麗、足夠被你所愛。

07

越想修心，身邊討厭鬼越多？小心，別讓敏銳變成過敏

沒聽過忍辱的時候都沒事，一想要修習安忍，令人不能淡定的狀況反而頻繁出現。不打坐的時候都不會胡思亂想，一旦決定要靜心安坐，什麼亂七八糟的妄念都浮出來。別擔心，這並非當你想要做一件事時，整個宇宙都會聯合起來作弄你，而是因為你更好地活在當下，活在此時此刻的緣故。就好比一個長期鼻塞的人，本來什麼味道都聞不到。在治好鼻塞的過程中，可以聞出菜餚臭酸了，漸漸地，兩公尺外小狗的狗味也被你注意到，你或許還會嗅出狗狗剛滾過泥巴。去外頭吃個飯，馬上意識到餐廳排油煙設備該檢修了，在家裡洗衣服，突然覺得某牌子香精太重，下次要換個牌子。

打開覺知，更專注地生活在每一刻裡面，你隨時觀照、重整內心狀態，自然而然，你

會變得很敏銳、覺察力大增，能夠注意到更多從前忽略的小細節。這是好事情，這是正在進步的跡象。唯一要注意，別讓敏銳變成「過敏」！因為學多了、長見識了，而把自己變成一個超級機車難相處的人，這樣對誰都沒有好處。

預防心靈過敏，幾個小撇步報你知：

◎狗屎一直都在，繞過去別踩到就好

如果你去找別人的碴，他的缺點會像星星一般，多到數不完。每看他一次，你就厭煩一次、厭惡一次，弄得自己的心情也跟著很厭世。我一貫的做法是去找出他像太陽一般耀眼的一個大大的優點。太陽出來，星星雖然不會消失，但幾乎就全都看不見了。多清淨啊！

歐洲某城市居民特別愛養狗，卻又特別懶得清理狗大便。偏偏這城市是個古都，有很厲害的古蹟和博物館，所以各國旅客還是很愛來。全球沒有一個國家的人會喜歡踩到狗大便，但也沒有一個人會因狗便而卻步，想看的古蹟古物有看到，才是重點。人生自古誰無屎？遇到狗屎一般討厭的這個和那個，犯不著每回都氣噗噗去跟它糾纏搏鬥，我們自己能抓好自己人生的重點，那就很好。

◎別嫉妒比你厲害的人，交個朋友吧

你身邊出現一高人，有一些比你厲害的地方，這時候，不是想方設法打壓他，以免自己被取代。而是去欣賞他、隨喜讚嘆他的成就與善行。你可以讚他、師他、學習他，就是不要罵他、扁他、嘲諷他。

普通人化友為師，一流人化敵為師。厲害的人現身，向他請教都來不及，哪還有空耍小心思弄他。是說，弄人者，人恆弄之。千萬別讓這樣的因果、慣性，沾黏到自己身上。若暫時還無法化敵為友、為師，不必勉強，一步步來。首先，斷捨嫉妒、攀比和無意義的較勁，如此已對整頓心靈環境大大有益。

◎再待幾年你且看他，避他耐他由他

跟我的「他人之惡，不上我心」意趣相同，我很喜歡寒山與拾得兩位高人的一段對話。寒山問：「世間謗我、欺我、辱我、笑我、輕我、賤我、惡我、騙我，如何處治乎？」拾得云：「只是忍他、讓他、由他、避他、耐他、敬他、不要理他，再待幾年你且看他。」

被荊棘扎到手的人，生氣打回去，只是讓自己再一次討皮痛。何不讓對方「仰天吐沫」？罵天、怪天、朝天公伯吐口水，結果口水又掉到自己臉上。不讓惡業烙記在自己的命運筆記本上，我認為最好的方法即為拾得說的這個「不要理他」。像草一般柔軟，颱風都吹不倒，真正強！如水一樣甘居下位，納百川成大海，真正闊！塵凡隨緣過，人弱心不弱。

減壓處方箋07　關注眞善美，恢復感知幸福的能力

慢性鼻炎、長期鼻子不通的人，在治好了鼻塞之後，擠捷運時旁人的汗臭味固然會聞到，但別忘了，倘若你進到花園裡，什麼芍藥、玫瑰、牡丹、百合、薰衣草甚至雨後令人放鬆舒心的青草味，你也通通能聞到。應該沒有人會為了不要聞到臭味而自願放棄嗅覺的吧！何不學學泰國人拿支薄荷棒塞進鼻子裡，也可以戴口罩，或是換個車廂，應變的方法有很多。

一直在意令人厭惡的味道，人會發現更多臭臭的東西。轉而關注那些香香的，你會種花、你會焚香、你會使用精油……，你會讓自己過上香香的好日子。變靈敏，是開悟開智慧的必經過程。靈敏、欣喜地將注意力放在令你心悅的好事情、好東西上面，僅僅只是吃一塊起司、喝一杯茶，都能令人感受到不同於以往的快樂。

08

你能過好一天，就能過好一週、過好一年、過好一生

沒經過訓練的大腦，容易犯一個思考上的謬誤。什麼謬誤呢？等我如何如何的時候，我就會快樂。「等我退休去環遊世界，我一定很快樂」、「等我買房子，我會快樂」、「等他跟我結婚，我會快樂」、「等我兒孫滿堂，我就能享清福了。」我就問，你今天開心嗎？要是連當下的幸福都沒能把握，又怎知道將來一定會快樂？不去掌握現世吉祥，卻期盼來世如意，簡直就像是把財產通通丟進水裡，或送給詐騙集團那般莫名其妙。

當心不能安，覺得做什麼都綁手綁腳施展不開時，不妨先累積健康。你現下能為自己做的，遠比你想像中的多更多！什麼樣的人最具備身心靈健康的條件？快樂的人。雖然說快樂並非萬靈丹，不會因為你嘻皮笑臉，蛀牙或胃潰瘍就自己好了。但一個身心愉快，沒

有過多情緒壓力囤積的人，確實會比一般人享有更大的健康優勢。像是身體不容易發炎、老化疾病不容易找上門，即便不小心生病，復原的速度都還比一般人快。

一個人最大的不幸，是不愛自己

永遠記得把自己訓練成一種容易感恩、容易快樂的個性，這對降低罹患各種慢性病風險、提高健康到老機率，皆大大有益。我經常在練習，睡前感恩今天發生在自己身上的三件好事情，醒時每天至少做三件使自己快樂的好事情。先練習過好一天，然後我發現我這一整週都過得不錯，接著我得到了快樂的一年，累積起來，就是美好的一生。生命的圓滿不在長短，在於是否無悔無負。倘若我能讓自己過得好，也幫別人過上好日子，我卻叫自己哀怨淒涼，臨終前肯定會很後悔。我若辜負了自己感知幸福的能力，這將是身而為人最大的不幸。

以水為喻，天人看一杯水，它是具有療癒性質的甘露，凡人看一杯水，它可以解渴，餓鬼看一杯水，他們會把它看成膿血。這就是感知幸福能力的優劣差別。天堂其實不遠、樂土即在腳下。在逐漸成為不生病快樂好命人的過程中，你將會找到更多令自己快樂起來的好方法。在此之前，下面這些先借你用一下。恢復快樂心，我們一起來練習：

◎動起來系列

如游泳、慢跑。為什麼動起來人會快樂？兩個原因：解焦慮和提高快樂荷爾蒙多巴胺水平。人腦發展出的焦慮機制，原是幫遠古人類增加生存機率的，催你防患未然、儲備糧食。只要人腳勤去打獵、採集，焦慮感自動解除。在現代，你只需動起來、走出去，大腦同樣會判定你已經在為自己做些什麼了，同樣能釋放焦慮。

至於促進多巴胺分泌，每個人需要的運動強度不一樣。年輕的可以運動猛一點，很少運動的人最好就循序漸進。當你運動到覺得世界真美好，旁人真可愛時，就是多巴胺發揮作用了。

◎淨化系列

如洗車、洗澡、洗狗。原理很簡單，淨化外境，內心也會得到清淨。以前我在西藏出家的時候，煉心靜心也從打掃環境做起。心煩意亂時，不妨買顆自己喜歡的精油皂，洗香香、泡個澡，最是享受。我就沒看過有人邊泡溫泉邊哭的。

◎充電系列

造訪能量點、去給人按摩、做水療、補充營養，還有放空。別以為躺平是在浪費時間。放空看似啥事都沒幹，其實你大腦正忙著重整呢！頭腦亂糟糟，人當然會很煩，重整過後，清朗明智的快樂，就回來了。

能量點意思是適合你充電的好地方。可能是一棵樹下、一個花園、瀑布旁邊，或是你喜歡的咖啡廳。這是屬於你的祕密基地，像這樣的小角落，平常就要蒐集，以備不時之需。

◎文化體驗系列

如閱讀、抄經、欣賞戲劇、看電影、旅行。得到知識長見識，人會快樂。如果你屬於這類的文青、文老，那就盡情享受知性之樂吧！對開智慧有興趣的你，還可以念文殊菩薩的關鍵字「諦／Di」。我小時候頭腦不太好，經書看不懂，辯經也很差，於是我師父便教我Di、Di、Di……這樣一直諦、諦、諦念下去。突然有一天，我就好像被開光了這樣，後來還考上醫學院，國考也一次就過。去除無明的快樂，請務必親自嘗試看看。

減壓處方箋08 事先安排「靈休」時間，做眞心喜愛的事

人一直忙一直忙會怎樣？身體會過勞，心靈會變成類死亡狀態，缺乏活力。拆解「忙」字，豎心旁邊一個亡，只能說，造這個字的人，眞的很懂！我認為壓力之所以出現在這個世界上，目的是讓我們越挫越勇、越走越寬，而不是眞的要把我們殺死或氣死。該懼怕的不是壓力，該怕的是自己不懂休息。

事先安排好停頓點、一個讓心靈休息的時間，非常重要！只要知道到了某某時刻，就可以安心休息了，反而會讓做事時更有幹勁。「只要再努力一下下就好」、「馬上就能去度假了」，明明是替自己安排放鬆，卻有著神奇的激勵效果。「靈休」這個神奇的停頓點，每一天、每一週、每一年，你都可以替自己安插一些在其中。

09

問題丟來不一定都要作答，不接招不纏結也不沾黏

上知識型綜藝節目或組隊參加數學競賽，回答越多越高分，還要用搶的，這叫搶答。又或者你去面試、去參加英語口試，主考官問你話，不甚清楚也要想辦法出個聲，好歹有個基本分。若只會在那邊拈花微笑、沉默是金，肯定被人家當神經，分數一定低。

我有時候就在想，是不是因為大家從小到大，有太多機會必須快速思考、快速反應，所以訓練出一嘴有問必答的好功夫？功夫是有了，但不小心落入對方的痛苦與煩惱之中，把自己搞到體無完膚的人，那也是有的。

這週我們就來練一下令「他人之惡，不上我心」的三個清淨心法：

◎心門可開可關，不用別人同意自己決定

面對非請自來的沒禮貌入侵者，心門先關起來也是可以的。就像老虎要衝進家門的時候，誰敢不關門？肯定關嘛，還要咻咻咻快速加三道鎖才放心。那個門啊，等好朋友跟財神爺來的時候再打開就可以。

如果你決定你的心是聖地，只有良善的人事物你才肯放行，這是完全沒問題的，我也很支持你這樣做。畢竟，我心裡要想花、要想草、要想雲，難道還要別人同意嗎？連我媽都沒管這麼寬。在自心的領域中，你是唯一主宰，是唯一的王／女王，你是自己的怙主。

◎理解「被煩惱逼急的人」，肯定會很煩人

被煩惱逼急的人、浸泡在苦海裡的人、受愛我執吞噬的人、被貪心怒氣和無知愚昧鬼遮眼的人，一點都不會跟你客氣。他們直接踩上你家草皮，把盆栽弄得東倒西歪，還會嫌棄地說：「擺這些醜死了又擋路，你真會找別人麻煩。」

是在哈囉，到底是誰在找誰麻煩？但先別急著怒嗆，你先去觀察很有意思的一件事，別人用來罵你的那些話，你打開慧眼去看、打開慧耳去聽，他其實在罵他自己。他所說的那些「缺點」，其實都是他自己身上的。只是他不願意面對而已。是說，連他自己都不打

算面對，那我們還跟他認真做什麼？不要認真。「懶得理他」是長壽好命人都會說的四字真言。

◎堅定拒絕惡業烙記，接招就沒完沒了了

不管是面對面互嗆，還是在網路上互撕，千古輸贏罵不完。心裡老想著待會要怎麼罵回去、怎樣弄死他，那敵意、那恨意，是不斷在膨脹。膨脹到堵塞生命能量的正常新陳代謝，毒素積在頭，頭痛，積在腰，腰痠，積在胸，悶啊！積在胃，火啊，都快胃食道逆流的感覺。與惡意糾纏不休，與厄運緊緊沾黏在一起，人心、人身，肯定都不舒爽。

我們家鄉最有智慧的老人家遇到這樣的事情，都會教我們：「不要理他。」無理取鬧的無明人、無知人，你去跟他認真，相當於是接了他的煩惱。鬧得越凶，與惡的連結，那是越纏越緊。我就問，你自己的人生功課是寫完了喔？真的有空在那邊圍觀嗑瓜加點評嗎？甚至投入他人的苦海中廝殺？不要這個樣子。人生可貴，人身難得，不容浪費。裝睡的人叫不醒，無明的人最不講道理。是說人家都好意思不禮貌了，我們又幹嘛不好意思不理他？他人之惡，不上我嘴我腦，亦不上我心。

進階修煉：正在修菩提心的人看過來。如果你已經很瞭解界線，很知道這世界上只有

兩種事，一種是關我屁事、一種是關你屁事，還想繼續勇猛精進的人，不妨往「願力」這方面下功夫。祈願對方重新過上好日子、祈願對方智慧開啟、祈願對方身心愉快、祈願對方闔家安康……。轉化怨力為願力，心靈能量強大的你，可以這般點石成金。

減壓處方箋09 對無理的人沒有情緒，就不怕被情緒勒索

情緒勒索有句經典台詞：「都是你害我變成這樣的。」最好是啦！我們一介凡夫，哪有這麼大的本事。如果你不理他、不受惡業烙記的功夫都做得很到位，對方很可能會出現一種反應：如同被你關在圍籬外的喪屍一般，衝著你又喊又罵。這時千萬別害怕，也別心軟。該堅持的防衛線、該堅持的善良底線，還是要守好。一定要保護好自己喔！不光身體，心靈也要。

這時候就可以沉默是金了，不用對每件事、每句話都有反應，又不是在面

試。他人的人生不用你來負責，自己能對自己負責就已經很厲害了。如果因為他人的言語、行徑、眼神，你因此不斷糟蹋自己，不珍惜自己或是貶低自己、自責，那你是自己在欺負自己。「你還好嗎？」永遠別忘了回望本心，關照身心靈。

10 拉長時間線，笑看這幾多煩惱不過鼻屎大小

現代人哪一個不是壓力山大。以為只要財務自由就輕鬆？可以做自己好自在？其實也不一定。某天下午我跟我一個企業家朋友老王聊天，在外人看來，老王有房子有車子有妻子有兒子還有很多金子，標準「五子登科」。我以為他很爽很閒很自由，但談話的時候他平均每十分鐘看一次手錶，心神不寧，越接近太陽下山，他的「症頭」越嚴重。我就問，「幹嘛啦，你有事喔！」老王不好意思地說，「賤內規定我晚上六點要準時出現在飯桌上，不然我就慘了。大家等著我開飯呢。」我笑他，還財務自由呢，你的資金是很自由啦，要去美國去美國、要去歐洲去歐洲，可以隨便匯來匯去，但你本人卻不太自由啊！

家家有本難念的經，人人有首難唱的曲，誰都有誰的不容易。所以，如果你經歷過一

些痛苦，請不要覺得自己很衰，因為這個經歷，能夠幫你長見識、長智慧，你會理解跟你有同樣境遇的人，他們的處境與心境。能理解、能同理，慈悲心就很容易升起來。慈悲心升起來能幹嘛？你不會因為小事生氣、不會因為鳥事心煩，因為你能理解你很懂，你用智慧之眼，一眼看穿前因與後果。

愚昧不明的人，遇到很糟糕的人或事，心裡一萬頭草泥馬奔騰，或許還會說一句「甘霖涼」；而清朗明智的人，遇到很糟糕的人或事，心裡依舊明鏡般透徹，或許會說一句「原來如此」。智慧無礙，煩惱一秒轉菩提。這才是真正的自由，不受外境所惑、不受外敵所誘，情緒不受外人牽引，你是你自心的主人，這是用再多金錢和權勢，都買不到的自由。

放心自由飛，三個紓解壓力的心法，與你分享。

◎時間拉長，笑看這幾多煩惱不過鼻屎大小

今天一個人對你不禮貌，行程異動不通知你，有好康的忽略你也該有一份。這時候，你要大動肝火嗎？你要把他祖宗三代都請出來數落一遍嗎？千萬不要！祖宗已經上雲端逍遙了，動不動把人家叫回來，沒禮貌！

這時候，你只要讓心飛到未來十年，回頭再看看現在這個讓你不爽的事情，真的有那麼重要嗎？十之七八九，都不足掛齒，若因此掛心，簡直就是在浪費自己的好心情。你充滿生命力的時間，是很寶貴的，請合理運用它，千萬別被一粒鼻屎給耽誤了。

◎不隨外境轉，讓地球為你轉

什麼!?「讓地球為我轉」好大的口氣啊！不過真的是這樣耶。何止地球，日月星辰都繞著你轉！我們每一個人，都是自己小宇宙的中心，你選擇讓自己看到什麼，你就會看到什麼。你相信什麼，你的世界就會變成那個樣子。你找尋的，你一定會得到。所以，不要「找病」，要找健康。所以，要格外小心，別跟自己為敵、別跟他人為敵。放出充滿敵意的箭，回過頭來都射到自己。一切的外境，都是自心的顯化。你的八萬四千念，其中有幾念，為你顯化出你理想中的現實？妄念很多、念頭很雜的人，顯化出一些怪怪的東西，吸引奇怪的人來到身邊，那一點都不奇怪。

請即刻停止責怪別人、停止責怪境遇、停止責怪命運，開始向內找尋、向內提升，常常使用智慧之心，保持良善念頭的專注，肯下這些功夫的你，肯定能為自己收穫一個越來越美好的新世界。

◎對敵修安忍修慈悲，強化心適力

肌肉能越練越強壯，靠的是不斷增加槓片的重量。心靈同樣也能越練越強壯，靠的是每一次遇到逆境、敵人、違緣時，不停歇不放棄的壓力鍛煉。提醒一點，修安忍不是教你憋在心裡，忍到快要內傷快要便祕那樣。而是先開啟智慧去理解去明察之後，才決定自己的動作，不做那種被不良情緒所擺布的無明行動。

當小麻煩、小煩惱從天而降，我們不一定每次都要迴避它躲著它，你拿它們來練練手、煉煉心。在小事上經常訓練自己的人，大事一來，也就不會那麼擔憂與焦慮，因為你比一般人，更早就做好了準備。仔細把握每一個修煉、寫功課的契機，你對壓力的耐受力、心適力（自心面對無常的適應能力）將會越來越強！

▌減壓處方箋10▌ 理解浮雲沒有固定姿態，如果有，那是壁畫

人是一種特別容易對變動產生種種情緒的生物。面對生住異滅、成住壞空，一下子感傷、一下子憤怒，也有幸災樂禍的。要知道，無論你喜不喜、樂

不樂、大聲罵或冷漠不理睬，無常態，都是唯一一個常態。

當然你可以窮盡洪荒之力，去維持去營造、去促使一件好事情發生，但你也要明白，很多事、很多狀態，不能憑一己之力成就。世間萬事萬物變化，任何結果都不是單一因造成。而你、而我，都只是其中一個因而已。好消息是，會動，表示它是活的，不是死的也不是假的。抬頭看看天上的雲朵，下一刻會變成怎樣的型態呢？眞是令人期待啊！現在的我覺得好苦啊，下一秒會不會就樂起來了呢？也是有可能的喲！無常，在某個層面，意味著生機無限，還是「活的」，這件事本身就值得歡喜、值得慶幸。

11

不盼福祿盼頓悟，喜悅回歸本來面目

對身心靈平衡感興趣的朋友，一定常常聽到什麼「歸零」、「重新整頓」、「重置（Reset）」。是說怎麼重置又怎樣歸零？龜苓膏吃十碗嗎？不用吃那麼撐啦！畢竟我是一個提倡「少吃一點、活久一點」的醫生，才不會叫誰拚命去吃什麼大補品呢！補太超過，那又會造成其他健康問題，麻煩！

所謂「歸零」，在佛教哲學裡有一個很美的說法：「自然舒服地接觸到自己不造作的本來面目。」放下所有讓自己不像自己的刻意為之、撕掉別人硬往自己身上貼的標籤。對於他人不切實際的期待，左耳進右耳出，不隨意接收不符合自己生命藍圖的莫名壓力。

不會駛船，莫嫌溪彎

自心起萬相。自己的不幸不快樂、自己的壓力來源、自己的這樣那樣，一般人傾向直接怪罪，都是某某害的啦！外部歸因，把問題都推到別人身上，自己就好輕鬆好爽快喔，考試沒考好，怪出題的老師亂出，走路沒走好跌倒，怪地方政府沒把路鋪好，賺不到錢，怪完通膨再怪通縮，心情不好，怪小孩太吵……怪給別人，自己就舒坦了？就痛快了？其實也沒有多痛快。不過像隻鴕鳥一樣，把頭埋進沙子裡，看不見問題，就當問題不存在。不去解決，下次問題又回來，又要再生氣一次、又要再去怪罪別人？沒完沒了的痛苦循環，令生活壓力、心理壓力逐漸累積。人常常就是這樣，積著積著積出病來。

怪罪他人、揪出他人之過，自己完全不會進步。當我們對於別人的生活、態度或作法很有意見，卻對自己的人生沒什麼想法的時候，那就要小心了！這是專注力用錯地方的徵兆。迷途知返、回歸本心，把傲慢脫掉、把自以為是放掉、把別人都很笨我最聰明我最理性我個性最好我脾氣最好……通通卸掉。有趣的是，我發現這個世界上有許多的麻煩，都是人心投射出來的。西藏出家師父常說，去貪嗔癡、去貪嗔癡。但說白了，實在也沒有一種強效去汙劑，可以直接把貪嗔癡這種心毒去掉。心裡的毒，還是要從心裡去清。怎樣清？放棄自己強加在真實性上的錯誤偏見與信念。

以下是三種常見的妄想，快來檢查一下自己有沒有：

◎人老了一定會生病會住院會被插管會被外勞推出去晒太陽

並沒有喔！我其實也很討厭替人插管，那真是太痛苦了。事實上，許多健康到老的高齡長者，到離世前兩天都還能做自己喜歡的事、吃自己喜歡的東西。別被鄉土連續劇給騙了，別說肥皂劇裡頭的悲苦台詞，別照著人家寫的老套劇本演。電視怎樣演、鄰居怎樣、你同學怎樣、你朋友怎樣，你都不一定要跟人家一模一樣。

◎這是我的東西我的財產我的老公我的小孩我的啥啥啥……

人生忽如寄，我們出生時，一張提款卡都沒帶，連一件衣服都沒穿，哪有什麼我的我的，那麼多「我的」。事實上是，光屁股來到地球上的我，現在身邊擁有的、所體驗到的，那都是賺到。都是借來用的！我們來地球遊學，就好像借某個宿舍住一下。也像是在打遊戲，完成一個任務，會有一些點數，點數可以送人、可以自己用掉買裝備什麼的，但等投入到另一個「遊戲」之中，原本遊戲的點數，是不能轉移過去的。萬貫家財不能隨身，唯有善慧，能跟著你無遠弗屆。

◎哭著問天，我怎麼這麼歹命，天下起雨就像是在為我哭泣

最好是，不過就是一道鋒面來，正常下個雨而已。哭什麼哭?!我是沒有手嗎？我是沒有腳嗎？哭著問天，天不語，這很正常。要是從天上傳來慈悲的聲音，那要快點來診所給我看看，檢查一下聽力。事實上，我們不但好手好腳，可以動手解決問題，可以走出去，離開瘴癘之地。除此之外，我們還有好的腦袋跟好的心腸呢！光想不練，光說不做，美夢是不會成真的喔！心念心力很重要，行動也是！問天問鬼問神，一問三沒有，道從動中悟、慧從性中求，什麼好康通通有！

減壓處方箋11　我的欲望越小，旁人越難從我身上榨取

我曾在網上看到一則有趣的漫畫，上頭畫著一個雲淡風輕的員工跟一個氣急敗壞的老闆，老闆泣訴：「沒有房貸的員工好恐怖呦，居然敢頂嘴耶。」有

些諷刺，但也確實如此。欲望大，欲求多的人，生活壓力、工作壓力通常都不小。不過要注意的一點，不是所有欲求都該死，使用自己所需要的，這不是貪。過分索求沒有上限，這才叫貪。該戒掉的，是後面這個。

面對貪欲，在自律的過程中，你的身心靈將同時受益。不貪吃、對任何刺激品都不上癮，身體自然清爽。你不貪求、不貪愛，心靈上將獲得極大的自由，一般人想要誘導你、詐騙你，或指使你做一些你其實不想做的事情，那都很難。即便是詐騙首腦親自出馬，也無法騙到一個理智清朗的人。心中無貪少欲，心力更強大。經常替自己捨棄一些沒必要的欲求，身心俱得爽利輕快。

12

過上不輕易受周遭影響的自在人生，紓壓四大句型學起來

不受周遭價值觀左右、不因別人一句話而有所動搖、不被他人和自己情緒牽著鼻子走的人，都是些什麼樣的高人啊？八風吹不動、端坐紫金蓮的人？那是古代人。其實我們也不一定要坐在什麼紫金蓮上面才能靜心淨心。古代人生活步調慢，久久才遇到一個不爽，有大把青春可以坐在小溪邊的大石頭上，慢條斯理修行。現代人網路方便，每天接收海量訊息，說是日理萬機也不為過，哪還有那麼多閒功夫，要是每被人戳一下，就需要找地方躲著靜坐幾分鐘才能恢復明智，這樣太慢了。說意志強韌也好，說心理素質強大也罷，「不輕易受他人影響」說得輕鬆，做起來好像很難？要我說，懂方法的話，其實也不是很難。

下面和你分享幾個我家鄉老人家的自在金句，跟著說看看，日子，或許就不會那麼難。

◎他罵我還好啦，沒打我算不錯

這個句型超好用，遇到了什麼，都可以代換進來。比如正要出門約會，卻遇到下雨。與其在那邊咒罵老天爺找碴，不如這樣講：「下雨還好啦！沒下冰雹算不錯。」心裡瞬間就輕鬆許多。萬一真下冰雹怎麼辦？還是能繼續說：「下冰雹還好啦！沒下刀子算不錯。」如果你真心想要做一件事，什麼雨啊！冰雹啊，都不能阻擋你。

◎他人之惡，不上我心

他人犯的過錯，你別往心裡去。是說生他的他的媽，都沒打他了，我們這麼激動幹什麼？好像有點太熱心了喔。在西藏，怎樣看一個人是不是真正的大師？看他懂不懂「安忍」。如果被激一下就急跳腳，那就不是大師，而是大蝨，每天就只會在那邊跳來跳去，不知道自己在幹什麼。所謂大師，是那種即便遭受損失，也不太會憤怒的人。他能化惱熱為清涼，心靈能量超級強，福澤值也超級高。就像在下雪的冬天，你把一盆滾燙的沸水潑出去，能瞬間變成不傷人的涼水一樣。化惱熱為清涼，會化嗎？你會的話請讓我尊稱你一聲大師。

而他人之惡的這個「惡」，也可以代換成其他，比如他人之機車、他人之刻薄、他人之頑劣，甚至是他人之崇拜、他人之青睞。他人褒你貶你激你鬧你，若都不上你心，不會影響你繼續持守正見行走正道，那麼，請讓我尊稱你一聲大師！這樣的你，真的超厲害的啦！

◎為什麼我要聽你的？只有呆人才隨聲跑

現在詐騙很多，但大多數國家普遍對於詐欺犯的刑罰很輕，比搶劫、入室竊盜都要輕上許多，為什麼呢？因為想要詐騙別人的人固然動機不單純、不良善，但被騙的，其實也有自己的一份責任。人家叫你幹嘛，你就幹嘛嗎？當然不能隨之起舞啊。

當你習慣性保持心靈清朗明智，詐欺犯其實很難糊弄你。就算他是專業的，遇到智慧全開的你，也是沒轍。我有個朋友就很無聊，接到詐騙電話很興奮，還在那邊跟他一搭一唱，演被騙，裝得跟真的一樣，逗對方玩呢！有智慧的人，什麼虛假偽裝他一眼就識破。即便第一眼沒識破，看兩眼、看三眼，總是會發現。只有那呆人、憨人，會隨風起舞還風中凌亂，人家哄騙兩句，就乖乖跟人跑。要不要那麼傻？不要啦！盲目跟隨他人言詞而忙碌、而四處奔走、而過勞，太辛苦了，千萬別這樣。

這個句型一樣可以自由填空。為什麼我要聽信你的妄語、欺瞞語、誘導語？真智觀偽行，只有腦袋不清楚，愚孝和愚忠的人，才會傻傻跟人走。擁有真知灼見的你，千萬別這樣。

◎人家碎碎念我，是在幫我念經

念經是我們西藏人的專長，從小聽到大，從小念到大。隨便一個人都億來億去，不過這個億，不是銀行存款，而是念經和持咒的次數。念這麼多次會怎樣？會開智慧嗎？會自在爽快嗎？可能會喔。其實我也不知道為什麼會這樣，我們西藏人對他人之惡，超級不會上心的。不管聽到的是貶低還是誹謗，是褒獎還是浮誇，啊，是在幫我念經啊！大概都會是這樣的反應。

都說「人言可畏」，倒不是人家說什麼會影響我的運勢，好可怕喔，所以我會害怕。對我而言，如果我自己因為人家講什麼，我就難過、我就高興、我就受影響，這麼心不能定的自己，才真正叫我害怕。將心定錨吧！定在善良與智慧之上。

減壓處方箋12　讓他贏吧！讓我坦蕩蕩心無牽掛

我們凡人，每天都有很多煩惱要苦惱，其中一種最磨人的，就是計較到沒完沒了。晚上躺在床上睡不著的時候，突然想到：「某某人占我便宜、他得到好處、他運氣好，連老天爺都罩著他。可惡。」心情不美麗，越想那是越睡不好。我就有病患是因為所託非人、投資失利，氣到夜夜失眠，還得靠安眠藥才能入睡。非常不好過。

我就問一句，老天眞的就那麼不公平？太陽難道會照他不照你，雨天你倆同時出去，雨水難道只弄溼你，然後他都乾乾的？常言道：「天道無親，唯與善人。」上天其實是不分親疏的，唯一眷顧善於順應天道的大好人。即便他有他占便宜的地方，但別忘了，你也有你得到祝福的部分，別比、別算、別計較。斬貪嗔斷無明，從此波瀾不驚、業風不興。「讓他贏吧！」讓了他，贏回自己，這才是實在。

13

你不是誰的仿冒品，你是你自己

你不是你父母未竟的心願、你不是社群網紅的追隨者、你不是傳統價值觀的標準化產物，更不是複製哪位成功人士的仿生者。你是你自己!!

生而為人，我們常常有太多的煩惱和過多的追求，是為了過得跟誰誰誰一樣，是為了超越某某人一點點。我們擁有美麗的雙眼，是為了讓我們看見、令我們清明，而不是為了促使我們去進行永無止盡的攀比。今天看到誰出國，所以我趕快訂機票。明天看到誰抱孫，所以我要趕快去跟兒女「催生」。後天看到誰開店誰創業誰換車買土地拎新包包，所以我也要趕快去這樣那樣。追趕那沒有盡頭的追趕，只是把自己弄得很忙。

挖出深埋的伏藏，活得像自己

暇滿人身難得。如果你不為你自己做一些事情，而是期待活得跟所謂的「成功人士」差不多，那麼，你是在「仿生」。拋棄自己獨一無二的DNA，模仿他人的人生，實際上一點意義都沒有。世界已經有了一個達文西，我們並不需要另一個達文西。如果你願意挖出深埋在你心中的伏藏、盡一切努力去實現自己的生命藍圖，那麼，你將成為宇宙中一個珍貴又可愛的存有，而不只是叫地球上多了一個只會吃飯、喝水、消耗能源的傻瓜蛋而已。

卸下過多的煩惱和追求，卸下不屬於自己的壓力，靜心思索：「現在的人生，是我真正想要的嗎？」兩腿一伸時的一聲喟嘆，為時已晚，還好還好，我們現在都還有一些時間，能夠拿回自己的力量，並且實現自己真實的想望。

幾個鬆開束縛的紓壓心法，願替你解開綑綁：

◎正念如炬，驅散種種令人煩憂的恐怖幻相

正念正知正精進，是妄念雜念拖延症的橡皮擦。有趣的是，當你決定用正念直視困難、準備好面對它的時候，你可能會驚訝地發現：困難竟然沒有來！這時候才明白，原來

有九成的煩惱，皆出於自己的妄心。

妄念雜念迫使你把簡單複雜化，而正念正知則幫你把複雜簡單化，產生一種梳理的作用。也像是替你的慧眼再升一個維度。都說當局者迷，跳脫迷局，從高空俯瞰，你是擁有一整座花園的蝴蝶，不再只是一隻困在一朵枯萎花朵裡、繞不出去的毛毛蟲。

◎如果今天是我最後一天，我要怎樣度過

每一回察覺自己脫離生命正軌的時候，問自己這個問題。先讓自己無憾，有餘裕，才去幫助他人無憾。就像飛機安全宣導影片，遇到事故，氧氣罩掉下來的時候，先戴好自己的，才去看看鄰座有沒有需要幫忙的。你自己要先能呼吸，才有條件去幫助別人呼吸。

「如果今天是我最後一天，我想怎麼度過？」、「如果這是我最後一次跟他相處，我要如何應對？」、「如果五分鐘之後隕石就要撞到地球了，最後，我想跟誰說說話？」藉由發問，透過問心，主動覺察自己的內在狀態，這個覺察，將很有效率地幫你斷捨離。斷捨虛妄煩惱、離開不切實際的追求。這是一個「從問心有愧轉向此生無憾」的練習，你每一天都可以這樣做。

◎所有心魔都不恐怖，他們只是閒閒待在那

刻意去討厭你的嗔心、你的貪欲，厭棄自己的無知，都是沒有必要的事情。其實只要做到「不隨之起舞」，那就很好！我也會生氣，我也會有沒必要但很想要的東西，想穿看看名牌、開開好車，我也會有無知的時刻。我承認、我看著，我不討厭自己，我也不討厭他們。我能覺知我的妄念、我的雜念，但我不為他們奔走，更不為了他們七上八下，一下子高興、一下子怨恨、一下子捨不得、離不開又放不下，都不會。

所有心魔都不恐怖，他們只是在那。

如果不拿恐懼、擔憂、煩躁和厭棄這些負面能量餵養他們，他們完全沒有力量，也沒有作妖的本事。當我承認自己也有無知的時候，承認這世界上還有許多我不知道的事。光是去理解這一點，我驕傲我固執就變得很容易放下。發現自己無知，是有知的起點。

減壓處方箋13　靜心選擇與自己契合的，不光看它有沒有特價

開悟者發現，「欲望少，心力強。」但不是叫我們衣服也不穿、東西也不吃、該用的一律不准用。沒有那樣極簡啦！想藉由購物來紓壓，其實也不是不可以。只不過，眞的要幫自己買些有用好用的，別事後才來後悔、發下「再買剁手」毒誓，尤其週年慶的時候。買到跟自己不合拍的，食之無味、棄之可惜，不知該拿它如何，只能以「雞肋」相稱。

好的物件，漂亮的、實用的、你剛好需要的，其實都很想跟你「善善相聚」。「選我選我」，靜下心來，彷彿可以聽到它們這麼說。挑到自己眞正喜歡的，實際使用時往往會更加珍惜，覺得有它眞好！一方面減少製造垃圾，一方面也令自己愉快歡喜。買東西紓壓最好先明瞭自己的心意，才不會買到雞肋，煩惱徒增，還又衍生出額外的收納壓力。

14

念念不斷開放且友善，一瞬接著一瞬

再壞的人，都有善良的時候，比如面對他的家人、他的子女。同樣的，再好的人，也都有想使壞的時候，比如說面對他的宿怨、他的仇敵。然而，如果因為面對什麼，心就跟著喜怒哀樂、七上八下，這樣的心，是心猿意馬的心，是屬猴的一顆心。每天起起伏伏很大，就像你開電動車上山又下山、忽快又忽慢，能源消耗特別大。萬一沒能及時找到充電樁，直接卡在路上只能等人家來救。

因此我都習慣讓自己的心，安定在某一種愉悅寧靜的頻率中。如果你會開車，不管是油車還是電車，你都能感受到，即便高速行駛，但只要維持速度，不要油門煞車亂亂踩，其實都滿省的。用好的方法去開車，同樣的油、同樣的電，你硬是可以比一般人多開好幾公里。你用好的方法去生活，同樣吃五穀雜糧、同樣喝水晒太陽，你的福氣卻可以細水長流慢慢享用，用到九十九。

維持心靈能量不隨境轉、不輕易洩漏，這一週我們來學幾個好方法：

◎念念不斷，念念好念

每一個中斷，每一次重啟，都會消耗能量。你今天因為某某人某某事，打斷了自己維持了大半天的好心情，其實是相當不划算的。被打斷越多次，身心靈耗損越大。等耗損到虧空的地步，剛好你身上又有哪個地方疏於照料，病痛就很容易從那裡顯化出來。

佛陀教導我們，「念念不斷、念念好念」，其實是很超前的預防醫學概念。從現代醫學的觀點來看，不用做到百分百，如果我們一天當中，有百分之六十以上的時間都能維持心平氣和，對諸多疾病的預防、對自身的免疫力維持，已有顯著效益。

◎大喜大悲不如微喜悅

人心的持中，意義上如同車子的定速，能帶我們走得更遠。養生是平衡、是中庸，不是你今天去宴飲豪賭、徹夜狂歡，超爽超快樂這樣，就能多活幾年，恰恰相反。那種酒狂喝、夜狂熬，什麼事情都做得很極端偏激的人，生命經常戛然而止。

看上去屬於正向情緒的「快樂」，有樂到就加分？其實也沒有，真正對身心有益的，是微喜悅、微愜意這樣的程度。東方醫學說，大悲傷肺氣，大喜傷心神，過激的逸樂與無所節制的悲慟一樣，都於自身有傷，不可不慎。不管做什麼，都不要太超過才好。

◎一念善一念惡，選好

為什麼放下屠刀能立地成佛？我認為是一念善，讓自己的命運發生了不可思議的質變。同樣的，一個小小的惡，也可能令生命變質，臭酸掉那樣，宛如一粒老鼠屎壞了一鍋粥，一顆小病毒殺了一座城。如此恐怖。

生命中的八苦、劫難、業果，或許無可避免，但是否受苦、是否感到哀、是否覺得忿忿不平，卻是可以選擇的。想讓美妙的質變發生，還是想讓臭酸的變質出現？一念善、一念惡，千萬選好！總是懂得用善良護住自己念頭的人，即便是在受苦，他所感受到苦的程度，也會來得輕一些。

◎赤子心、好奇與幽默

「有趣了，我來看看到底怎麼回事。」、「沒想到居然也有這樣子的耶，真是大開眼界。」、「哇，東北還真是冷到靠北。等下來去舔一下電線杆（千萬不要）。」常常旅遊的人，心裡當作是出去玩，於是所有體驗，不管苦的樂的，都變得有趣。越慘的體驗，越能成為歷劫歸來的笑談。

在外頭演講，對於忍不住抱怨東抱怨西的人，為了幫他們改善易痛苦的習氣，我就教他們一招，當作自己是抽中大獎，來地球遊學的嘛！該遊的時候，打開心胸去遊，該學的時候，拚命地去學習。當你用赤子般的玩心、好奇心重新再看一眼世界，你就幫自己開了一個新境界，所有真的、善的、美的，都在那裡面！

減壓處方箋14　抓得越緊抓到越少，我一放手反而擁有更多

佛門中有句話叫做「任運自在」，教人隨順因緣、隨順諸法之自然運作。

在我看來，這就像你抓到一隻獅子，把牠關起來，再叫大家來看，跟你到獅子

生活的大草原上，觀察牠一舉一動之間的差別。前者是矯揉造作、後者才是任運自在。哪個比較好看，比較可看？不用膝蓋，用腳踝想都知道。

任運才能自在啊！不管是獅子是你還是我，是觀察者還是被觀察者，都一樣。如果你想要一把沙，千萬別去抓它，手握得越緊，沙從指縫間流掉得越多。你喜歡沙，其實也不一定要把它帶回家，到沙漠裡滑沙、去沙灘上踏浪，都更好玩耶！同樣的概念，你越感興趣的，不管是人、是事，還是物，越是要用開放的、有彈性的方式去和它互動。順應多一點、強迫少一些，彼此都舒服、沒有壓力。

15

焦慮如浮雲，而你的心是更大的天空

對未來的焦慮感，你曾有過嗎？沒有的話，那真是太厲害了。難道你是佛祖還是神仙嗎？趕快來給我拜一下。我們凡人大腦的一個功能、一個對增加生存機率不可或缺的功能，就是焦慮。你沒聽錯，真的是焦慮。人不焦慮，不會儲糧、不會把房子弄堅固、不會趨吉避凶……很多事都不會去做，那些不懂焦慮的原始祖先，不是老早餓死，就是被野獸給吃掉了。懂未雨綢繆、懂防患於未然的良好基因，代代相傳，傳到你我身上，我們應該感謝，而非責怪。怪焦慮讓我焦慮、怪大環境沒把我好好養育，不要這樣怪。我們更多的是應該去感恩，而非責難。

從感謝出發、從正念出發，重新詮釋焦慮。有焦慮不煩不惱，只要遏止它無限放大，不讓它膨脹到遮住我們的慧眼、我們的良心，我們就不會對生命感到窒息或無計可施。人在極度焦慮的狀態下，縱使條條大路通天堂，那也是看不清的。

阻斷焦慮肆意蔓延，紓解壓力的三大心法，且聽我娓娓道來：

◎欣賞無常美，不以無常苦

理解無常真正的意義，在於觀悟：萬事萬物沒有一瞬不在改變。就連看起來都沒有在動的一顆石頭，其實它也是在變，沒人理它，它可能從大石頭風化成小石頭，有人理它，它可能被切出一塊玉或幾顆鑽石來，那都不一定。

無常、生滅，發生在石頭上，發生在宇宙所有造物上，也同樣發生在你我身上。過度期盼永恆永遠，屬於一種綑綁自己的不實妄念。不切實際，還叫自己求而不得、所願不遂、感到相當痛苦。縱使多年之後才能看清曾經，你為什麼不這樣想：緣起緣滅都值得慶賀！

講個比較粗的比喻，就像我們每天都要拉屎一樣，今天你吃了一塊披薩，希望能消化之後拉出來馬桶沖掉，你總不會希望這塊披薩一直留在肚子裡吧！舊的不自然去，新的如何能自然來？能欣賞來去自然者，得大自在。

◎不要找壞事，找好事不行嗎？

曾有高人留下這句法語：「凡是你找尋的，你都會得到。」我覺得真的是這樣耶！我認識一個太太，為人處事認真又講究，她每次都用放大鏡去找老公的缺點，去看小孩功課沒寫完，每次總能幫自己找到很多氣噗噗的點。

我就勸她，找那些幹嘛咧？找來找去找不到和氣，找著找著越想越氣！你要是對老公生氣、對小孩發脾氣，那家裡面又怎麼可能會一團和氣？家不合，萬事不能興。不如把他們當菩薩來拜好了。在我家鄉，想開智慧的人，會把對方當成文殊菩薩這樣禮遇，把對方當成幫助自己開智慧的助緣。感謝對方前來成就自己，一旦你開始這樣想、這樣思考，保證一卡車的好事情會從天上倒下來，你不接都直接會打中你。你看他是大便，他就是大便。你看出他是菩薩，你的小宇宙瞬間不一樣。

◎專注做個可控範圍內的王者

知道嗎？焦慮是像浮雲一樣，是會消散的東西，而你的心，是無盡的天空，裡頭擁有無盡寶、無盡藏。

無論順逆、無論痛苦還是歡喜，總是能專心把可控範圍內的一切事務，都安排妥當的人，就是尊貴的王者。不管是日理萬機，還是日理一機，只要能專注，你的生命、你的命運就是你自己的，而不是放在彩券行，任人隨意投注。若不能專注，恐怕隨便阿貓阿狗都能對你的生命走向指指點點。

西藏有句老話，「能解決的不用擔心，不能解決的你擔心也沒有用。」能維持、能營造、能經營的，你可以專注去做，至於那些不能的，就留給別人去用功吧！專注可能，捨棄萬萬不能，你便是你生命中，最尊貴的王者。

減壓處方箋15 從一件令我不愉快的往事中，煉出黃金

你所身處的世界，是好是壞，是有趣的還是無聊的，是可愛的還是糟糕的，跟「世界」本身沒有多大關係。關鍵在於，你如何評價它。比如跑馬拉松這件事，討厭運動的人覺得這眞是太辛苦了！而且第一個完成馬拉松的雅典士兵，根本就跑死了啊，沒事叫我跑來跑去到底是要幹嘛啦！同樣是跑，喜歡

運動的人跑出了多巴胺、跑出了源源不絕的愉悅感，順便還改善了大腦認知功能。國內跑不過癮，又到世界各地去跑，收穫各種有特色的完賽獎牌，快樂得不得了。

你以為的現實，其實並非實相本身，你看到、你聽到、你所感覺到的一切，都是你想法的化現，是你的心，把你所在時空的現實顯化出來。明白心的功能之後，請來實際練習看看，挑一件當初你感覺不怎麼愉快的往事，它裡面是否存在著有價值的部分？肯定是有的，請好好把它找出來。

16

暢遊心世界，尚有千重領域未探，將此諸境行遍

向內心深處的遠遊，是旅行，亦是修行。莫放任自己跟著世界一同鼓譟，莫與真實的自己每每擦肩而過。現代人各種壓力山大，壓得人喘不過氣來。有工作要忙、有家裡的事要忙、有國家的事要操心，或許還要去管同事有沒有打卡、去擔心天災人禍哪一天降臨……一整天下來，可能都沒有一時半刻，與自己同在。面具戴了太久，最怕脫不下來，要是連自己的本來面目都給忘記，那就糟糕了！

人一旦脫離本心太久，各種惴惴不安、惶惶不安的症狀都會跑出來。輕則身心疲勞、免疫力下降，嚴重一點的，連一隻狗都看不順眼，連一點小事都無法輕易原諒。長此以往，別說是整頓自心、修心歸零了，說是感知幸福的能力歸零還差不多。

強化心適力，不怕局勢瞬息萬變

紓壓紓壓，不是去把外頭那幾些不識趣的討厭鬼通通做掉、埋進土裡才解氣。紓壓紓壓，該調理的是自己裡面，是心情，也是心境。

小學生算微積分，抓破頭都算不出來。換作理科大學生來答，輕輕鬆鬆小菜一碟。小學生覺得的難題，是大學生的送分題。你想要全宇宙為難你，還是送你分數、送你禮物？這跟那道題目本身無關，而是跟自己的能力、能量有關。當你感到匱乏、哪裡不對勁、日子過得不十分舒爽的時候，優先要精進的是自己，而不是急於料理他人，或怪給統稱的大環境。

世界在變，靜觀內觀的能力要有，將心定錨在善慧之上，管它外境一日七十二變，你將無意挑剔，也無所畏懼。三大定錨心法，按次第來學：

◎「隨喜」強命氣，收穫健康複利

如果今天你很會欣賞他人，能因他人的成就而感到開心、感同身受，那我很確定你是好命人沒錯。怒氣、病氣、濁氣經常起源於偏見之下的不認同，至於和氣、命氣、運氣則得力於激賞和贊同。「這樣很好耶」、「我覺得很可以」、「你好棒喔好厲害喔！」當你不自覺把這些話掛嘴邊的時候，你的嘴角、眼角，也都不自覺含著笑，含著對全世界的善意。

當你總是投出善意，回收的很難是敵意。而敵意越少的人，心血管越好，這是已經確認的科學事實。拒絕亂發脾氣的人，血壓不會忽高忽低，心跳也不會忽快忽慢，這不但對預防心血管疾病極好，對遠離各種退化性疾病也相當有益。一個隨喜，全身受益，像這樣的好事，如果我們能養成習慣，那收到的將是可觀的健康複利，比吃什麼保健食品都還要有保障。

◎「發願」為群體，好事快速成就

看清楚喔，是發願，不是發怨，雖然念起來一樣，但動機不一樣，結果就不一樣。發好願，是我天天都會做，有空就會做的一個習慣。願力先行，糧草隨後就會到，我屢試不爽。

如果這個好願，關係到的人越多、考慮到他人的福祉層面越廣，外援也會來得又快又急，像快遞包裹那麼快。但如果這個好願，只關係到自己的私利，不是說不會成就，但時間會拖得比較長，長到你都快忘記自己有許過願那麼長。懂得規則之後，既然要發願，那我們還是多考慮一些人為好，而這「一些人」中，也包含自己。朝「共好」這方向來努力，是比較快能看到成果的，如果你有趕時間的話，請善用這個規則。

◎「串習」改習氣，善慧永久隨身

很多人來聽我演講，當下聽完很高興、很放鬆、很知性。回家以後馬上忘記，認真一點的還會看影片複習，看是確實有看，過幾天照樣忘記。別擔心，這不是失智，只是普通的健忘。其實健忘有時候也滿好的，比方說你對親友的無心之過健忘，糊塗一點，可以開心很多點。

不過在精進自己的部分，可不好糊塗。護照掉了怎麼辦？不怎麼辦，撿起來就好。學習善知識忘了沒關係，再記起來就好、再撿起來就好。像在串一條靈性串珠一樣，你把好的習慣一顆顆、一次次串起來，反覆反覆練習，直到寫進DNA裡，這就永世不忘。智慧、良善隨身，福澤也隨身。善慧是唯一可以超越時空的個人「隨身物品」，至於其他身外物，稍微玩賞無妨，切勿過度追求。

減壓處方箋16 跟他認眞我就輸了，少生氣多福氣

受煩惱掌控的人，他的心已經喪失了自主權，變成某種奴隸，可能是嫉妒的奴隸、嗔恨的奴隸、酒精的奴隸、金錢的奴隸，大約類似這樣的感覺。偶然間遇上，你除了要保護自己的人身安全，更要守護好自己的心。萬一跟他一樣，也變成什麼的奴隸，身心都會不舒爽。要是還和對方爭鬥起來、吵起來，那就是弄得一地雞毛，內心外境一塊兒亂七八糟。

有能力、能量強、智慧高的人，當然可以去度人。但如果還沒那麼強，不妨暫且避他一避、繞過去，保生為上。當我看見有人因為被煩惱控制，而做出一些離譜又奇怪的事情時，我都會提醒自己不要跟他發脾氣，靜心理解原來他也是被煩惱給逼的、心不能自主，他其實也很辛苦。如此便不容易隨之起舞，這是我的方法，希望對你也有用處。

17

偶遇世間涼薄，仍要謝你贈我一場空歡喜

如果把你身邊的人分類，有些是你喜歡的朋友、有些是你討厭的敵人，還有些，是你不特別討厭也不特別喜歡的普通人。在完整你生命厚度的過程中，這三種人都非常重要，缺一不可。用你喜歡的，對治貪愛，學會自律。用你厭棄的，對治嗔恨，學會安忍。用你沒什麼特殊情感的對象，來練習利他和大善。如此一來，便成就了慈心、悲心和一顆柔軟善良的菩提心。

對貪愛的放手、對厭棄的修忍辱，前兩個很好理解。但為什麼沒什麼特殊情感的中性之人，也能成為煉心路上的助緣呢？這需要稍微解釋一下。對於你心悅之人、討喜的親友，你對著他們微笑、幫他們做一些事情，那都不難。但如果你對於不相識的陌生人，也

願意施予善意、做和顏悅色布施，那就算是一種進步。先用中性之人來練習，比較好上手，等養成良善慣性，下回再遇上敵人、討厭鬼的時候，你也願意祝福他們，而不再氣得牙癢癢的時候，就是真正的大成功。

沒事清閒挺好，有事來煩那更好！

開身心靈講座時，我每次講到上面這一段，很多人都會面有難色。或直接喊，「太難了」。的確，人生好難，但我們就是要這個難！太簡單、太容易的我們還不要咧。就好比你舉一個啞鈴，十公克用紙做的，能幫你練成二頭肌嗎？當然不能啊！至少來個兩公斤重的才有效果嘛！常常練的，可能六公斤、八公斤都在舉。一樣的意思，不同程度的壓力、各種難關難題、所有的不容易，都能幫我們鍛煉出更強健的心靈肌肉。想要輕鬆，不是輕鬆輕鬆喊大聲一點你就輕鬆，而是踏踏實實地去修煉，等心靈肌肉可以舉到六公斤的時候，之前的兩公斤、四公斤，就會真的變得很簡單、很輕鬆。小勇不怕難、中勇難不怕、大勇怕不難，讓你越練越勇的密技，現在交給你：

◎不用痛苦慣性來回應，打開可能性

你和人吵架、冷戰，要嘛血壓不好，要嘛心情不好，自己都能感覺得到。但下回又碰上那看不順眼的，又再次吵、再次氣、再次飆高音去罵，飆高血壓讓自己受罪，這就陷入了同樣的痛苦循環之中，像這樣的痛苦慣性，必須自己去打破。最直接有效的方法是：透過感恩去叫痛苦慣性轉為幸福慣性。放寬心胸，替自己打開所有可能性，你將赫然發現，其實也不一定要吵，我溜走行不行？我閃開行不行？我沉默不語讓子彈飛一會兒行不行？

人家被自己的煩惱逼急了像個傻子一樣做出許多失禮的舉動，我罵他幹嘛？我拈花微笑不行嗎？我用幽默化解不行嗎？我還可以感謝他讓我有這個機會體驗人生、觀察人性長見識。時機能力尚未成熟之前，你或許還沒辦法拉對方脫離痛苦，但至少，你要先幫自己脫離痛苦慣性。用善慧，去打開人生的另一種可能性。

◎於喚醒覺性上，涼薄煩亂皆有大用

有的時候你用它們來長見識、提升眼界，「原來也有這樣的人啊！」你從更高處去看彼此，像是在欣賞一齣黑色喜劇一樣。有時候你用它們來悟空、悟到空性，知曉痛苦喜悅、愛恨情仇，以及其他一切有的沒有的紛雜心緒，其實並非實實在在的存有。抓不到、摸不著，只是你心的產物。

體驗涼薄，誰說你也要變得涼薄？體驗煩亂，也不代表你也要跟著風中凌亂，和對方廝殺到滿地雞毛這樣的程度。如果你想要過得歲月靜好、好好欣賞繁花似錦，唯一能阻攔你做這件事的，只有你自己。人生忽如寄，氣聚而生、氣散馬上要說掰掰，能活到哪一天都不知道，覺醒一天賺一天，莫叫夢幻泡影之事給耽誤。

減壓處方箋17　持守歡喜心，善慧路上所遇皆貴人

一天當中，至少百分之六十以上的時間，請儘量保持心情愉悅。時常愉悅歡喜的人，除了看起來高雅有氣質之外，就連運氣和人緣都會特別好。不是因為有什麼好事發生，你才要愉悅，其實是因為你愉悅了，所以才有更多好事更容易發生在你身上。連福神都看你可愛，想跟你多親近親近。

到底是要愉悅什麼啦？沒有要你傻笑得像個小白癡一樣，而是想請你想想

看，「我決定以後要少發脾氣、不亂亂生氣」、「我想要用智慧和善良脫離痛苦慣性」、「我正逐漸讓不利生的習慣自然鬆脫」、「走在修行路上，好的人是貴人，糟糕的人是逆增上緣，都對我很有幫助耶。都可以拿來悟空性、升覺性」。想好了、想通了，自然就歡喜了。體驗一時半刻的歡喜，享受一年半載的歡喜，成就了一生的歡喜。

18

學會四不一沒有，淡定過上好日子

就算是要練肌肉，負重也只需要比原本所能承受的，再多一點點重量就行。等練得更強壯了，才繼續往上再加一點點。而善用壓力來幫自己的心靈做重量訓練，也適用同樣的原則。比原本心理所能承受的再多一點點就好，如此心才不容易受傷。

不過壓力可不像槓片這般好處理，覺得太重就先拿兩片起來，還是太重，再減兩片。放下槓片完全沒難度，而放下無形的壓力，絕大多數的人都不知該從何下手。當你被排山倒海而來的壓力弄得筋疲力盡、心靈跟頭腦都當機的時候，該怎樣適度減少來自內部與外部的壓力源？學會以下這四不一沒有，你自我調適的功力將更上一層樓。

◎不要太聰明，偶爾要會用鈍感智慧

高敏一族、特別會察言觀色的人，天生擁有卓越的「讀空氣」能力。能輕易察覺環境氛圍中最細微的變化，也能嗅到任何不尋常的味道，這本來是好事情。但要是一整天都把自己的感知力開到一百趴，既傷神又費勁，人很快就累趴。

在變化特別快、變動特別多的年份裡，觀察到越多、思考也越多，能量往往也越容易發散和洩漏出去。當你覺得心好累的時候，不妨把自己敏銳的細神經，略略調整為粗線條。有千里眼的，學著不要看那麼多，有順風耳的，練習左耳進右耳出，無須事事擱上心頭。尤其他人可惡之處，千萬別鉅細靡遺細數。是說察覺到他人一萬個缺點又能如何，他都不著急，你還替他生氣？生氣是給自己吃毒藥，我們不做那樣的傻事情。

◎不要太機車，習慣性回歸淡定和諧

各種心理上的失衡，很容易引發生理上的失調，現代人最常遇到的，是自律神經和免疫系統方面的失調。太挑剔、太機車、太難搞、太怎麼樣，看上去像在為難別人，實則是跟自己過不去。據我觀察，愛惜生命的人，往往更偏好在和諧與平衡上用心。而不是把力量全集中成一顆子彈，朝某個敵人發射出去。如果你發怒了，你就是在做類似的事情。把

自身元氣拿來做傷人的子彈，損人還害己。

不好聽的話，別亂亂講，背離事實的妄念，別亂亂想。如果你發現你現在沒有很愉快，趕緊靜心淨心，或是找些有趣有意義的事情做。微失衡時刻，請立即自主回歸淡定平衡，請多多練習，直至養成慣性為止。

◎不要太愛嫌，福氣跟會說謝謝的走

愛生氣傷福氣，愛嫌棄也是。試想，某天你烤了一盤餅乾送給同事吃，甲同事說，「矮鵝，怎麼烤那麼醜，味道也不怎麼樣。」乙同事卻說，「怎麼那麼好，多謝你啦！」我估計你下回的烤蛋糕，有很大機率會跳過甲，直接送到乙那裡。嫌棄嫌棄，嫌人者，人恆棄之。透過嫌棄來表示自己高明有品味的人，其實滿傻，福氣都跟別人走了還不知道哩。

◎不要太固執，樂意考慮一切可能性

去堅持只有自己才是對的，老指著他人說「你錯了！」的人，常常不自覺令自己陷入無意義的爭執泥潦當中，宛如在苦海裡游泳，是人，都不會痛快。我最常舉的一個例子是數字6。如果有人要硬說它是9，我也會覺得他說的很對，而且還順便會知道他的方位，

剛好就在我對面。

在你對面的人，如果每一個你都要跟他站在對立面，爭個你死我活，那每天光吵架就飽了，其他正事都不用幹。因此我時刻提醒自己打開心胸，包容他人的好和他人的壞。包容一切，即為慈悲。慈悲放心間，煩惱不沾邊。

◎沒有過多欲望，總是在夢想上專注

曾有人問我，在飲食上自律戒掉貪欲，是不是什麼都不能吃？沒有這麼嚴格啦，拿你生活不需要的、吃你身體不需要的，那才是貪。戒貪欲，是戒掉過多的追求、永無止盡的追求。因為看到隔壁老王有，你才想要有的這種追求，才是真正需要捨棄的。戒貪的果報之一，是你的壓力會減少，專注力會提高。省下攀比的精力，集中力量發好願，它肯定能更快實現。

減壓處方箋18　突然想起來我家裡還有點事，先降

即便活得像樹懶一般慵懶、如水豚君一般淡定，看上去一副人畜無害的模樣，還是會有不長眼的奇葩，可能會衝來找你麻煩。你或許要問，「為什麼啊，我又沒怎樣？」沒事，隨機的，別放心上。愛亂發脾氣的人到處都有，你其實可以不用理他。他正處於他的煩惱風暴中，我們不一定能幫上忙，但至少，別掃到颱風尾，這是我們能幫自己做的。

遇到人家叫戰，每回都應戰的人，大多已經戰死沙場成為一縷幽魂了。能不戰，我保證你一定不會輸。這比百戰百勝還厲害耶！你時間跟精力都沒有浪費掉。遇到一時間難以處理的「壓力來源」，比如鬼吼鬼叫的某某人，你選擇暫時遠離他、稍微迴避一下，其實是很明智的選擇。先給自己一個冷靜的迴旋空間，以待清朗明智升起，回頭再來看看怎麼辦。在人間走跳，什麼樣的人都會遇到，這個緊急洩壓的方法，希望你能知道。

19

你所愛的你不應該對他生氣，不愛的更不該氣

你所愛惜的、曾幫助過你的，親人友人或是工作上的夥伴、上司與下屬，有話好說，用好的態度和聲音去說，不用氣噗噗方式說，這是你的智慧和善良。至於那些你不愛的、實在愛不下去的、連看都不想看到的，仇人敵人或是非親非故的陌路人、無聊人或機車人，沒有好話其實也就不必多說，用超然的態度去安忍和靜默，不用氣狠狠的方式去吵架，這也是你的智慧和善良。

都說「時間能治癒一切」，這句話對也不對。懷愛的人確實能，懷恨的人則不能。懷恨，別說自癒了，沒自毀算不錯。心裡不舒服、不痛快、不甘願，如果又再加上揪團抱怨、不斷複習，那本來只有一點點氣，可能都被你越說越氣，氣到後來還哭出來也不一定。

一人吐一口苦水，能匯聚能苦海

有人就說了，「不對啊，我抱怨完感覺很紓壓耶。」我就問，真的有紓壓嗎？如果真的有，你下次再遇到同樣的人、類似的事，為什麼還是照樣發飆、依舊不爽？如果真的放下了，你下次再遇上同樣的人、類似的事，應該像一張白紙一樣、有著嶄新的開始，而不是仍有一個「偏見」一直在那裡明示暗示你，讓你各種負面情緒都像即將爆發的火山，忍不住要噴出來那樣。對人抱持敵意怨恨時，身體釋放出的壓力荷爾蒙皮質醇，實在很難跟幸福快樂扯上邊。

真正抱怨能紓壓的唯一狀況，是你傾訴的對象，要嘛比你有智慧、要嘛比你善良，他在你傾訴的過程中，悄悄地轉化了你的負面習氣，並為你提供了一些活得更美更好更真的寶貴想法，這樣才有用。如果一塊罵、一塊氣、一起吐苦水，苦水匯聚起來，那是可以成為一片苦海的誒！嗔恨習氣越重，沉入的無明苦海越深，難道要等神仙開潛水艇來救？現在泡在苦海裡的人太多太多啦，就怕神仙個個都忙不過來。所以我們別麻煩祂老人家了，在痛苦慣性尚未深化之前、在不良習氣尚未牢固之際，我們先來自救。

預防做在先，幫自己備好救生圈，兩個真正有利於放鬆與紓壓的心法，和你分享：

◎疏於觀照自心的人，最忌諱瞎操心

先珍愛自己的生命，之後才去愛親友，接著再愛同路人，最後才是陌路人或仇敵。慈悲心的養成，是有順序的。倘若心中還有餘恨，任何表面上看起來假好心的種種作為，都先不要。不想下廚，那就不要開伙，懷著怨氣煮，誰吃了都不舒服。難得來地球遊學一趟，活得真切才痛快，假假的那多沒意思。

「自己度不了，還想度別人，門都沒有。」在多管閒事之前，請務必確定自己是否安康，活得豐盛又愉快，如果你真的過得很好，那根本無需多言，你的存在，本身就像一個散發愛的基地台，能帶給周遭一股安心安定的力量。我最招牌的關心，就只有一句：「最近還好嗎？」好的人會笑，不好的人會講，不想講的便是隱私，那就要給對方一點空間和時間。如果心裡想著，我為你付出這麼多，我給你這麼一堆好的建議你都不聽，反而給彼此帶來壓力。

◎埋在「真討厭」裡面的，是大福氣

聽年輕朋友講自己有多不想上班、過節多討厭返鄉面對三姑六婆，我都會哈哈大笑。西藏很遠，醫生工作又不好一直安排長假，所以我一年才回老家一趟，不覺得高鐵客運一坐就能回家吃湯圓的人，其實滿幸福的嗎？上班固然有很多可以嫌的，但在戰亂或經濟蕭條的地方，很多人連工作都沒有，甚至房子沒有、三餐沒有，連要喝一杯乾淨的水，都很辛苦。你進公司，至少有台飲水機吧！老闆再機車，也都還記得請人幫你換濾心。

每回遇到不如意，我都會回想我以前物質條件極為匱乏的日子，再回頭看一下現在，就會覺得自己過得很爽很好命。當我們還有工夫說「真討厭耶」的當下，怎麼就沒想到，自己還有時間可以討厭、還有餘裕在這裡嫌棄，其實還滿悠哉的嘛！生命沒有受到任何威脅，還有工作可嫌，表示沒有失業，這不是很值得感謝嗎？嫌老婆碗洗不乾淨，怎麼沒想到還有人幫洗碗呢？嫌肚子太肥，怎麼沒想到其實自己吃滿好？每一個嫌的背後，都有一個福。與其放大嫌棄，不如深挖福氣，懂得向內尋寶的人，是最能享受豐盛的好命人！

減壓處方箋19　將難啃的蘋果，切成小塊優雅入口

牙口不好，卻想吃芭樂或蘋果的人，懂得把水果切成小塊入口。要是拿著一整顆硬啃，恐怕從天亮吃到天黑都吃不完。面對壓力，其實也差不多。懂

得減壓的人，常常會把能做的事、需要做的事先釐清楚，如果覺得它「太大塊」，一樣會切成比較容易對付的小塊，再下手。如果還是覺得難以面對，那就再分割成更小的小小塊。

像我每年都出一本書，已經連續七年。每本都超過十萬字，一口氣要寫完，哪有可能啊！平常還有很多病人要照顧呢！我肯定會壓力大到直接關電腦算了，什麼厭世情緒、拖延症都跑出來，根本不可能準時交稿。但如果事先規劃好，那其實每週寫一兩篇，每篇一千多字，一年過完，書也基本上有個雛型了。一千跟十萬，哪個好對付？不用膝蓋，你用腳踝想都知道。壓力管理大師都在用的減壓技巧：分成小塊、一一擊破。希望也對你有用！

20 做對一件事，美滋滋福滿人生隨傳隨到

想當軟體開發工程師，你要會寫程式語言。想成為不生病好命人，你得精通編劇語言。現在很多年輕人開口閉口老是「累死了」、「煩死了」、「討厭死了」、「我忙死了」，越是這樣說，越看不清生路，那還真是妥妥地死定了。

言語有靈，咒死不如祝生

管它原生家庭如何、社會環境怎樣，如果你想要祝福自己的生命，那是沒有任何一個人可以阻攔你的耶！放眼這世上許許多多的長壽人、好命人，很多都不是天生強健，也並

非出生時全都含著金湯匙銀湯匙。只不過他們都做對了一件事。哪件事？「經常在自己的生命劇本裡，安插鋪排許多美好的情節」。

話語，不管你用寫的，或對著自己好好說一說，它都有足以撼動既定命運的神奇力量。倘若你不喜歡現在的人生走向，或是想要讓人生發展更貼近本心，那麼，請誠心祝福自己吧！

自己的人生劇本自己寫，下面這些不是雞湯，而是雞精（請放心，在本書寫作過程中沒有任何一隻雞仔受到傷害）。希望它們足夠營養，能為你激發出許多靈感。願你順利成為自己的命運規劃師，許自己一個十分美滿的一生。

1. 我盡可能對全世界傳達出善意，從內心輻射出愛、包容和慈悲。這些美好的能量在我周圍形成一個天然防護罩，閃耀著金色的光芒，溫暖地包覆著我。我感到十分安心。

2. 我從不浪費我的任何一項天賦，在人生每個階段，我洋溢著不同的才華。自顧自美麗、自顧自發光，但不著急與他人說。別人有發現沒發現，那都沒差。一如深夜裡綻放的曇香，清麗優雅，從沒讓自己失望。

3.我放棄使用埋怨、憤恨、敵對、攀比、誹謗的迴力鏢。在我的慧眼裡沒有偏見、沒有虛假，目光所及，皆為真實、和善、美好的宇宙造物。當我看見鏡子裡笑瞇瞇的自己，我也覺得他十分可愛。

4.我不囤積宿便和宿怨，我每天淨化自己。透過利他、自律、安忍、精進、靜心、使用智慧，我每天為自己積累福氣。我將我的和顏悅色布施出去，在激勵他人的同時也喚醒了自身免疫細胞的活性，特別是防癌大將「自然殺手細胞（NK cell）」。

5.我安住在一個充滿趣味的國度。我累的時候能沾床秒睡、我醒的時候總是活力充沛。我每天經驗著無數個靈光乍現的時刻，每天順順地處理許多在別人看來很難對付的難題。我從不缺方法，也從不缺創意。世人眼中的障礙與枷鎖對我而言只是像西瓜、木瓜那樣的存在，沒有不能迎刃而解的。

6.我的身段柔軟、我的態度開放、我的心血管富有彈性與活力。我沒有什麼特別訝異、特別龜毛或特別挑剔的，因為我理解，什麼都有可能！面對各式各樣千奇百怪在我眼前緩緩展開的人性，我拈花微笑，這沒有什麼啊，我早已見識過。見怪不怪，見怪可愛。

7.我善於原諒，我的心如明鏡一般，沒有任何惡業可以烙記（Imprint）於上。我經常感到安定愉快，所有靠近我的人都能輕易展現出他們最好的樣子。我婉拒低頻率的仇恨、猜疑、敵對、嫉妒和抱怨，我支持關懷、良善、感恩和創意的能量，在我裡面流轉。

8. 我喜歡檢視我的意識與習慣，檢查是否建設性大於破壞性，檢查良善的習氣是否多過惡劣的習氣。每一次檢查，我都幫自己的靈性清除掉一些Bug，令它始終閃閃發光，無受雜訊干擾屏蔽。

9. 好事壞事皆為幸福磚，良人烏人都是我的貴人。所有來到我身邊的，都是我的如意珍寶。不只順境成就我，就連逆境，也有其不可忽視的一份功勞，我同樣感謝。

10. 我十分珍惜我身體的每一個部分，我用最好的食材滋養它們。我十分珍惜我所說的每一句話，希望它們真實不虛、真誠無傷、真摯溫暖。我十分珍惜我的每個念頭，希望它們良善、可愛、有智慧，同時間也充滿幽默感與創意。

減壓處方箋20 微福降臨謙虛以對，微禍上門自救不瞎鬧

都說天理昭彰、報應不爽，但為何有人看上去壞事做不少，福氣倒挺好。難道老天瞎了眼？沒有瞎喔！而是另有盤算。我們凡人肉眼不一定看得出全盤布局，所幸，慧眼獨具之人留下線索：「天欲禍人，必先以微福驕之，要看他會受。天欲福人，必先以微禍儆之，要看他會救。」

天公伯也是會重複確認（Double Check）的，降災之前，先給點甜頭嘗嘗，看人怎麼受，是驕傲還是謙讓，驕傲的就糗了，災禍確實是要給這個人沒錯。下一段更有意思，天將賜福，有時會先給人一點壓力瞧瞧，瞧什麼呢？瞧你能不能自救。畢竟大福易招大妒，你有這樣的氣度、這樣的抗壓力能承受福澤嗎？如果沒有，給你反而是害你。知道原理後，攻略就出來了：蒙福謙虛，臨禍自救。在一件大好事即將成就之際，磨難試煉肯定不會少，此時此刻，不是抱怨的時候，而是自救的時候。自救不瞎鬧，福氣隨後到。

21 勇於接受轉凡成聖的試煉，轉迷歸悟化霧歸真

哇，要我「轉凡成聖」，變成聖人談何容易？是要修仙嗎？肯定很難很辛苦吧！從短期利益來看，直接躺平最是輕鬆。放眼長期利益，現在稍微努力一點，卻能從根本去終結煩惱與痛苦、得到解脫，這麼大的利益擺在那，你願不願意去拚看看呢？

我近幾年體悟到，「轉凡成聖」是最輕鬆、最不繞路的一條正路。就跟我的病人要戒菸戒酒戒安眠藥一樣，戒除的過程肯定會有很多不舒服、令人不適應的好轉反應發生。同樣的，你練習安忍，當下必須拋棄一些成見、改變過去的反應模式，肯定不習慣。「那個人真的很過分啊，難道就不能罵他兩句叫自己痛快一點嗎？」罵下去，當下痛快，卻造成未來無窮無止盡的禍患。把自己泡在「迷湯」裡面，沒有一刻清明，迷亂循環再循環，煩

惱與痛苦將沒有終止的一天。

轉凡成聖就不同了，這是一個「轉迷歸悟」的過程。比起日後綿綿無絕期的嗔恨，如同無法熄滅的業火持續燒烤著自己，這麼痛苦，練習安忍，當下一點小小的不習慣不適應，那又能算什麼事？

難得暇滿人身，真正的用途是這個！

我們擁有暇滿人身，正是要用來學習、體驗、修煉和進化的。勇於接受任何能讓你晉級的試煉，直接從冤枉路、痛苦迴圈中脫離出來，正式成為修士。你不只把自己放在了正途、能夠升級的道路上，你還將逐漸開啟為世間生命解除憂患的技能值。自利又利他。

終結癡愚性質的迷亂循環，我發現有個方法很好用，問心。精力不要花在去質問他人為什麼這麼過分、這麼無情、幹嘛不跟我當好朋友。時間也別拿去跟人工智慧聊天機器人瞎抬槓。當然也不必像是鄉土劇裡的悲情角色，去問：「天公伯啊，老天爺啊，你為什麼這樣對我？我好慘我好苦啊啊啊……」小心！常以受害者自居，宇宙還以為你愛慘了這樣的身分，萬一助你自導自演完成了一部曠世悲劇，那一水車的眼淚都不夠哭。

下面提供幾個開啟覺知的「問心」題目，願你順利恍然大悟，轉迷歸悟、化霧歸真。

1. 如果想要清涼，我不用把整棟樓都開空調，我開我房間的冷氣就好。如果想要無敵，我何必打趴一座城的敵人？我顧好我的慈悲心就好。不把別人當敵人，我又哪來的仇敵？

2. 我其實是知道一切生命都有喜歡安樂、不喜歡痛苦這樣的特性，但為什麼我看到某人脫離痛苦得到安樂，我卻特別不屑？我本希望所有生命，一切都好，看到人家好，我又何來的惱怒？何來的嫉妒？

3. 如果事情能夠處理，尚有轉圜餘地，那有什麼好擔心？如果木已成舟、米已成粥，何不欣然划船吃粥？哀怨嘆氣又有什麼用？

4. 受人家讚美我為什麼要高興？受人家詆毀我為什麼要難過？話在他人口中、想法在他人腦中，與我何干？譬如某人日食肥肉十斤，胖也是胖他，難道可以胖到我？管他口中含肉還是口中含斧，不在我嘴裡的，又關我什麼事？

5. 小孩子玩具被搶走會嚎啕大哭，我丟失某物時，難道我也要跟稚子一般嚎啕大哭、鼻涕都噴出來？我出生時沒帶著哪樣東西，甚至連條內褲都沒穿，這樣的我，又能真正損失什麼呢？

6. 不是事實、被扭曲的受害情節，我還一再複習、一再重播，我是頭殼有個洞嗎？我是吃飽太閒嗎？

7. 我當初乘願而來的時候，不是希望天下海晏河清、世人安樂太平、每個人都有喜歡的工作可以做？為什麼今天看到某某人、某單位得利，我卻滿肚子不樂意？

8. 貪欲、嗔恨、嫉妒、傲慢，它們都沒有手沒有腳更沒有腦，是怎樣可以把我變成像是提線木偶一樣，傻裡傻氣去幹下一些蠢事呢？我的事我的行為我的人生難道我不能自己幫自己決定嗎？

絕對可以！你是你自己的怙主。如果你想要關懷他人、你想要健康快樂、你想要培養慈悲心、你想要善良、你想要智慧大開、你想要勇猛精進，沒有任何人可以阻攔你。踏上轉凡成聖的道路，從此再不退墮。

減壓處方箋21　你看啊！那老虎牠現在根本就沒有在這裡

我們腦海中的妄念，比現實更有可能傷害到我們、令我們壓力山大。想到就緊張、想到就害怕、想到就厭惡……種種妄想，通通變成慢性壓力之源，叫我們心血管受罪、免疫系統出狀況、內分泌動不動失調。最輕最輕，也要肌肉緊繃，腰痠背痛頭更痛，有些人晚上睡覺還會做惡夢。

把過去的某一段經歷，或讓你痛苦的某一個人，比喻成一隻老虎。現在請你先闔上雙眼，待心靜下來，接著再張開慧眼，仔細看一下你的前面後面、上面和下面，就會發現，老虎不在這裡！憑什麼跟你不存在同一個時空中的老虎，還能咬到你？不該啊！不能啊！在每一個當下活好，妄念紛飛時，一定要不斷提醒自己，「老虎不在這裡、老虎不在這裡」。願你無憂無傷，諸事吉祥不用求。

22

不執著於表象，以「無害行」再造人間天堂

先替自己減輕煩惱和壓力，再為眾人打造一個宜居的清涼世界，有兩個方向值得我們努力。第一，思維「緣起性空」，第二，堅持「無害行」。一個是要用想的，一個是要用做的。至於怎樣想通又如何做好？下面一一來講。

「緣起」這個概念，說明了人世間一切事物和現象，都是由各種因緣條件相互依存而產生的。「性空」則是指，由因緣和合而生起的一切事物，其本質是空，沒有固定不變的實體。

唯一支持利他共好，趨吉避衰

為什麼我一直在說共好、利他？因為你跟我跟他，和其他認識不認識的，都是一個整體，休戚與共、苦樂相關、相互依存。假如我今天往地上丟了一個垃圾，我人就乾淨了嗎？並沒有。我把我居住的這塊土地弄髒了。如果很多人都這麼做，那別說什麼淨土了，所有人都住在「髒土」上面了啊！相反的，我參加淨灘活動、我做好資源回收，不只我乾淨，所有人都清爽。

一榮俱榮，一損俱損。明白這個原理之後，真的就會自然而然、完全不想做出任何破壞環境、損壞平衡或傷害他人利益的事情。再譬如，我在一個家庭裡使壞，在一個公司裡罵人，我會很爽、很開心嗎？其實也不會。這就好像把墨水滴到清水裡一樣，一整杯都混濁，到時候還要花大力氣來淨化，那多麻煩啊！

懶人修行法，還沒開始之前就先預見後頭的烏煙瘴氣，立刻警惕起來。管好自己的身、口、意，儘量往大愛、善良和智慧這方面靠攏，儘量避開自私、邪惡、無明白癡的想法和行為。這是從源頭去管理自己的命運走向，讓好運一直來一直來，還是每天一而再再而三衰事連連，其實都是自己可以決定的！

緣起緣滅變化無常，不必執著

如果沒有緣起性空會怎樣？我會說，這樣的世界是死的，不是活的。最簡單的方式，你用空間來理解空，比如有人把書架塞滿滿，那就沒辦法再容納任何一本新書進來。一個人把肚子塞滿滿，就再也吃不下什麼山珍海味，連消化代謝都會出問題。

作為宇宙地水火風空五元素裡最關鍵的一個，空元素沒有它還真不行。沒有了空，什麼變化、什麼進展，都沒辦法發生，就固定在那裡了，知道嗎？一動也不動那樣。所以我才說，沒有空，什麼都是死的。

你看啊，天空的雲多麼漂亮啊，因為天是空的嘛，所以雲朵才能變化萬千。一樣的意思喔，如果我們為身體保留空間，比如說一六八斷食、過午不食，那麼你意想不到，一些細胞代謝、更新、再生的好事情，它都會自動發生。

一切都只是暫時的，都是會變化的。當你仰望美麗的天空，不妨好好享受這宜人的景致，明天不會有一模一樣的天空。當你吃到一頓美食，請好好享受這些佳餚，因為吃完就沒有了。美味、美景，和其他一切一切，都是暫時的，當下盡情體驗，就不用感傷幻滅。活在當下，別活在某某人事物消失的執著之中。解脫啊解脫，就是從理解緣起性空開始。

同在一條船上，我又怎能害你

你有看過空難船難動作片嗎？傻到不行的劫機歹徒，在高空中開槍，把飛機打穿孔，大家通通掉下去。或是海盜在海上殺來殺去、大炮打來打去，船沉了，全部人都變成魚飼料。一樣的意思，我們同住在一個地球上，相愛都來不及，哪有閒工夫相殺？到時候把地球炸掉，難道去火星上生活？

理解全世界為一個整體、有著相互依存的特性，「無害行」就自然能行！無害意思是，儘量避免自己的所作所為對其他生命造成傷害。其實我覺得大家本性上都滿善良的，雨後蝸牛、蚯蚓跑出來，你是不是會想要繞過去跨過去，怕踩爆牠們？這就是一種無害行。從這裡出發繼續延伸下去，像是傷人的言語、傷己的不健康行為，從今天開始逐一戒掉。這樣自己會虧到嗎？完全不會呦！如蜂採蜜、只取所需，吃得甜頭、不害花朵。

減壓處方箋22 幹嘛和他搶鏟屎官工作，那又不是我的貓

養可愛貓咪的人，我們封他為鏟屎官，專門侍奉特定的貓主子。至於沒有「官職」的我們，哪邊涼快哪邊去，大可不必為「屎鏟了沒？」這種事瞎操心。管東管西管太寬，這也要看一點、那也要說兩句，你會為「別人的貓」操碎了心。人心好用，但別亂用。亂操一通，那也是會過勞。心過勞的症狀包含傷心覺得被辜負、覺得自己好心被雷親、變得容易生氣，也可能變成常常看別人不順眼，不管哪種症狀，都與歲月靜好、身心安樂背道而馳。

每隻可愛的貓，都有牠專屬的鏟屎官。每個可愛的人，都有他的試煉他的功課。我們放手放心讓他們自己去試試看，我們給支援給祝福，予人沒有壓力、沒有負擔的看顧和陪伴。「你先自己看著辦，當你需要我的時候，我在。」做到這樣的程度最是剛剛好。剛剛好，那就很好。

23

預防情緒過勞，這三招幫你調節壓力

什麼樣的人容易使自己不小心「情緒過勞」？我認為高度自律、對自己要求很高、對他人標準很高，以及占全人口五分之一的高敏族群（Highly Sensitive People，簡稱HSP），都很有可能遇到。

先把預防的方法學起來，往後遇上五花八門的煩心事，你也能輕盈迎接每一天，或在一刻鐘內轉換為爽朗心情。過多的情緒、過重的壓力，現在我們開始來處理它：

◎養成易原諒性格，終止仇恨循環

小明訂了高檔餐廳請朋友吃飯，卻遇到服務很差的外場侍者，小明心想：花大錢就是要來享受美食跟服務的啊，這樣真是太糟糕、我太沒面子、太令人生氣了，「叫你們經理出來！」小明劈里啪啦抱怨了一頓。桌上的飯菜很香，但罵人與被罵的，雙方的臉都很臭。

小花一樣在這間餐廳吃飯，也遇到同一位服務生，小花心想：看他那生疏的樣子，大概剛出社會不久吧！回憶起自己剛畢業時的青澀模樣，小花對這個「新來的」反而倍感親切。對方感受到小花的善意，也用微笑回應她。儘管外頭下雨有點涼，但「諒解」卻讓兩人心裡都暖暖的。

罵人、生氣不能解決不爽，但「諒解」可以！人非聖賢，雖非出於惡意，但自己一定也曾做過白癡、失禮的事，曾受到他人的原諒，今天你把這個原諒繼續「傳下去」，你不但沒有開啟一個仇恨循環，還啟動了一個良善循環。「不要緊，我瞭解你的難處」、「沒關係啊，慢慢來」……常常這樣對世界釋出善意，不只你心裡舒爽，連你脖子兩側的長壽筋，也能一併舒展開來。

◎明白自己還有「逃跑」這個選項

古代是野獸，現代則是上司或客戶，刺激人的交感神經活躍起來、全面放電、皮質醇分泌，促使心跳加快、血壓升高、肌肉繃緊……準備作戰或逃跑（Fight or Flight）。這是對壓力反應的典型描述。

我發現一個很有意思的現象，那就是人一緊張起來，常常只看到第一個選項「作戰」，而忽略了第二選項「逃跑」。有三個限制性思維十分常見，「逃避既無恥又丟臉」、「我沒有別的地方可以去」以及「我只會做這個」，這三個限制性思維純屬妄念，不是真的喔！先走一步，你這不叫逃避叫選擇，還有更適合現在的你的好地方，你一定能學會新世代所需要的新技能，這些才是真的！

◎欣賞不完美不恆常，其實也挺美

凡事求好心切，有幹勁但脾氣火爆，有效率但容易急躁，在西方性格行為學中，這樣的族群被歸類為「A型性格」。麻煩的是，A型性格特別容易跟心血管疾病扯上關係，猝死的風險也比其他人高。

考試可以考一百分，但出了考場，百分之一百的完美真正存在嗎？在思考這個問題時，我想到了日本的侘寂美學（Wabi-Sabi），擁有侘寂視野的人，尤能領略一般世俗認為的不完美、不恆常、不完全，它們其實都很美。不對稱不規則，有意思喔。粗糙不平滑，多有味道啊！意境和禪味，在他們眼裡被瞧出來。我認為侘寂美學很有可能受到佛法

「苦」、「無我」和「無常」的概念所啟發，因而發現了美和優雅的真正祕密。

每一科永遠都考一百分的，那是ＡＩ，不是真人。活得優雅又有人味，能看出不足中的一應俱足、看出不完美中的美，這是眼界與境界的升維，同時間，你還巧妙地安撫了對完美和效率十分偏執的那個自己，離心血管疾病又更遠了一些。

壓力本身其實不是很糟糕的東西，是我們面對它的態度，決定了它到底是對健康有益還是有害。不求壓力全無，但求面對壓力時，我們能理解、能疏導、能讓它轉而為自己所用。

減壓處方箋23　如果人生是一本書，我希望它精采絕倫

如果你的人生是一本書，它是用傷心血淚寫成的？還是裡頭充滿幸福的片段？羅曼史也好、荒唐史也罷，別無聊到被拿來蓋泡麵就好。我平常最喜歡歷史故事和武俠傳奇，男主角本來籍籍無名，後來經過這樣那樣，變成名滿天下

的大俠，過程越曲折越驚險越是好看。如果英雄一開場就是人人擁戴、所有妹子都愛的英雄，一路平步青雲扶搖直上，像這樣的設定，我是不看的。

這邊順帶告訴你一個祕密：如何把過去的悲慘化為你的精采？你只需要在某個時間點成功一次就可以！愛因斯坦小時候說話慢吞吞，同學笑他腦袋不行。現在呢，沒有人敢否認，他是二十世紀最重要的科學家之一，根本天才。當初誰笑他誰智障，有眼無珠嘛。好看的故事都有伏筆都有鋪陳，前面越糟糕越悲慘，後頭贏起來越是漂亮越是精采。現在過不好，沒關係啊，看成是增加戲劇張力，反倒挺好。如果我的人生是一本書，但願它足夠精采。拜託，別無聊到被拿去墊桌腳。

24

負面情緒的真實身分其實是保母都是為了你好！

壓力不是你身心健康的頭號敵人，不會宣洩壓力才是！而生氣、緊張、焦慮、憂鬱、厭惡和噁心，同樣也不是攪亂你幸福的邪惡分子，相反的，它們都是你的保母，愛你照料你保護你，它們存在的目的，是助你遠離災禍與危險。

不驚恐的人，不會避災啊，以前是不懂躲野獸，現在是不會防病菌。在你適時採取必要行動，捍衛了自己的生命安全之後，便可以讓「保母」下班，「謝謝你啊，接下來換我照顧我自己。」你可以這樣跟你的情緒保母說。

都是因為你，所以它們在這裡

請保母下班、放下紛雜情緒很難嗎？其實就連這個「難」，也是你自己想出來的。在你心識與頭腦尚未成形之前，整個宇宙並沒有所謂的「煩惱」或任何一種負面情緒的存在。明白了嗎？它們皆是因為你，所以才在這裡，當保護照料的任務完成，也只有你這個老闆，更夠令它們退場。

情緒誕生的原意在於護佑而非找碴。瞭解這個真相後，興許我們就不會太苛責自己，或硬性規定自己每天得開心得像個小白癡一樣。允許自己該傷心的時候傷心，當憾事發生時默默為它哀悼惋惜，也允許自己心累時躲起來好好休息。

情緒如何保護我們？情緒保母想跟你這個老闆傳達什麼訊息呢？慢慢翻譯給你聽：

◎焦慮是未雨綢繆的訊號

焦慮之心在古代，敦促人們去把家園弄堅固一點，下田耕種不敢偷懶，在現代則是幫手機充電、儲糧儲水，關注保養，充實可運用資源。透過焦慮的溫馨小提醒，人類大幅度提高了生存機率。

當你生存機率已經提升，心裡卻還焦慮怎麼辦？去走路，動起來做點什麼，擦車洗浴室都行。焦慮保母特別盡責，它得看到你實際採取行動才捨得下班。

◎壓力提醒前方危險請準備戰或逃

跟壓力最有關的荷爾蒙是皮質醇。它令肌肉瞬間有力、腦袋格外清晰。缺點是分泌太多太久，容易令細胞快速凋零。壓力保母需要你迅速做出開戰或逃跑的決定，不管怎樣，它都會幫你。

壓力保母最恨超時工作，你別讓它連續加班個兩三天、一個月甚至三個月，它就不會跟你翻臉、要你付出代價。讓它下班的指令有很多，聽雨聲、泡溫泉、享受美食，所有能令你放鬆的都是。最簡單，幾個緩慢深長的慢呼吸，就是最有效的壓力解除指令。

◎生氣是改變與適應的明示

長時間或習慣性生氣，人自然容易生病，重災區是心血管。生氣保母出現，並非要來讓你心肌梗塞，或傷害任何人，而是明示我們該重新調整作法或想法，與時俱進。生氣保母宛如嚴厲教官，督促你衝一波、奮起向上。

我之前出《不生氣的藏傳養生術》這本書，是希望大家別生那種被妄念、被執著綑綁的嗔怨習氣。能讓人生機勃發的這種「生氣」，那倒沒有壞處。你生氣了嗎？你是在對自己的無能為力生氣嗎？把火力引導到改變、精進這方面去，你對無常會有更好的理解與適應。

◎噁心厭惡可能代表此物有毒

厭惡保母是最會保護人的。氣味不好聞，閃遠點，吃的東西顏色不對，壞了別吃，氣氛怪怪的，可能有什麼不妙的事即將發生。不乾淨不整潔、看起來髒亂噁心，厭惡保母都讓我們避一避，讓我們免於感染。要沒了它，還真不知道能不能活到現在呢！

◎憂鬱也許與你的身體發炎有關

我們都說憂鬱症，而不說憂鬱病，因為它其實不是病。憂鬱作為一種症狀，起因百百種，除了季節轉換血清素與褪黑激素失衡之外，慢性發炎也是造成人心憂鬱、情緒低落的原因之一。如果是這樣，根本的解決之道就不是吃藥，而是去改善發炎。

改善慢性發炎的方法包含：增加抗氧化食材的攝取、減少攝入精製糖和繁複加工的食品、打造良好的腸道菌相、找出過敏原、減少暴露於環境汙染當中。當然，管理壓力、積極練習各種靜心靜坐和呼吸的方法，也都能減少身體的發炎反應。更多方法，我會持續在我的臉書和 YouTube 頻道中慢慢告訴大家，歡迎關注。

減壓處方箋24 沉浸於粉紅噪音之中，釋放日常壓力和焦慮

粉紅噪音（Pink Noise）、粉紅雜訊，又稱為1／f噪聲、閃爍雜訊。它屬於一種柔和平滑的聲音，聽起來令人格外放鬆舒服。近年學界做了不少研究，像是利用它來穩定大腦活動、改善睡眠品質，或是遮罩噪音，提高專注力和工作效率等等。

我常常在叫大家親近大自然，藉由大宇宙的地水火風空，來校正人體小宇宙的地水火風空五元素。其中一個原理就是藉由大自然中的粉紅噪音來調整自

己的頻率。比方說，淅瀝綿延的落雨聲、令人清心的潺潺流水聲，規律穩定的海潮音，以及瀑布從高處傾瀉而下，所產生的那種嘩嘩嘩的聲音。你光聽別人錄回來的，都能逐漸放鬆下來，更何況是自己親自到現場接受「加持」，那紓壓的效果，更是不一般。焦慮不安時，大自然，永遠都是我們最好的療癒。

25

管理煩惱之源得大解脫，與不安的心和平共處

世俗煩惱何其多？像天上的星星那麼多！所以大家都把頭髮剃掉，跑到山上出家就沒事了？那不一定喔！人心裡有事，到哪都不可能沒事。躲去山上，也一樣煩惱，只不過是換個空氣比較好的地方繼續煩惱罷了。

預防過度煩惱影響日常生活，首先得知道什麼是煩惱。包含你的痛苦你的憂傷，你的不安和你的不甘，嫉妒也好，不切實際的期待也罷，煩躁、暴躁、急躁這些全都算。這些看似因為別人而起的煩惱，它實際的源頭，卻不在他人身上，而在自己心裡。根源於心中無明、根源於我執。好消息是，倘若你執著越少、貪嗔癡越少，那麼，你的煩惱也會越少。得大解脫大自在，重點在修心，而非拿著放大鏡去看別人多麼可惡多麼白癡。若想在

靈性智慧上精進，可千萬別弄錯對象。

下面以三種心做例子，實際帶你走一遭，看懂了，不能馬上做到也沒有關係，起碼你會知道「萬事萬物根源總在心」的那個根源是什麼意思。

◎不安的心

悟證根源，我認為達摩祖師與二祖慧可的經典對話〈無心可安〉，非常有啟發性。故事從這裡開始：某天，慧可心裡有事、惴惴不安，想找達摩祖師治一治他這不安的毛病。祖師爽快答應：「好喔，將心拿出來我來替你安一安。」慧可找來找去，全身上下摸了一個遍，什麼都拿不出來，於是說：「遍尋全身，都找不到那顆不安的心。」達摩祖師回，「這樣啊，那我應該是幫你安好了。」

安心有兩種層次，第一是令各種煩惱都沉靜下來，第二種是無心可安，後者境界更高。這是一種「都可以、都很好」的自在狀態。包容一切好，一切壞，和一切的不好不壞，以佛眼去看任運自在。連消解不安的動機，都不存在。一旦理解不安本身沒有實體，是人心「變」出來的把戲，不安就會像泡泡一般瞬間破滅。升起它、破滅它，都操之在己。又或者，根本懶得理它，把它視為一種天氣變冷時打的一個噴嚏，打完鼻子摸一摸沒事一樣。以這種順其自然的方式去應對不安，能終止不安無限蔓延。

◎擔憂的心

你現在最大的擔心是什麼？擔心沒錢，擔心沒人愛，擔心健康走下坡，擔心天下紅雨，擔心隔壁老王禿頭？我們一起用邏輯思維來推導，你看，能解決的事，不用你擔心，不能解決的事，你擔心也沒用。這個概念出於《入行論》第六品安忍：「遭遇任何事，莫擾歡喜心；憂惱不濟事，反失諸善行。若事尚可為，云何不歡喜？若已不濟事，憂惱有何益？」

坐在家擔心沒錢，錢不會變多，不如實際走出去賺錢。擔心沒人愛，這根本就是一個假議題，管別人愛不愛，你若珍愛自己，那全世界至少有一個人愛你。不用看旁邊，就是你本人啊！擔心健康走下坡，那還不快去走上坡，練好體後側肌群，老了不怕摔跤坐輪椅。擔心天要下紅雨，天不會下紅雨啦，萬一下了，天有異象啊，趕快手機拿出來拍，傳給氣象專家看一看。擔心隔壁老王禿頭，雖然不關你的事，但如果剛好有遇到他，可以介紹他德國咖啡因洗髮露。沒有業配，純粹舉例而已。

◎貪多的心

「貪他財寶無饜足，如魚吞餌遇釣鉤」貪圖美味魚餌，最容易上鉤，貪圖投機之財，最容易被詐騙唬弄。不是說不貪就都不會被騙，但機率低很多就是。無貪，智慧不容易被蒙蔽，理智清明，即使遇上糟糕的狀況，也比較能安然度過。影響靈性智商的，一個是嗔，一個是貪。這兩樣能戒掉最好。

貪的剋星是利他。把物資送給需要的人、支援弱勢團體、有地方遇到天災時你出錢出力，各種不期待回報的利他，都可以很好地訓練自己放捨斷離。戒貪，不是叫你「四大皆空」，腦袋空、存款空、口袋空、感情生活一片空白，並非如此。戒除貪欲的真正意思是「活得剛剛好」，只取所需。將自己多出來的、用不上的，大方分享出去，分享成習慣，身心俱得爽利輕快。

減壓處方箋25 悟證「日子不好過」、「沒有時間」是相對而非絕對

俗話說，比上不足、比下有餘。在日子不好過的排行榜上，你肯定不是第一名，也不是最後一名。百分之九十九點九九九九九的人，都介於中間值。從如廁這件事來看，我老家的西藏傳統家屋，裡頭沒有浴室也沒有廁所，現代人家家有馬桶，多數家庭還不只一個馬桶，這是非常享受非常方便的知道嗎？從前從前，即便貴為皇族，出門最快最快，也只有馬車，現在呢，趕時間你搭高鐵、不趕時間你坐客運，或是自己特斯拉開出去，千里馬都追不上。怎能說日子不好過？簡直太舒服啦！

十九世紀初期，依區域不同，人們平均壽命約落在三十至四十歲之間。時至今日，這個數字已經向上攀升到七、八十歲。我們眞的沒有時間嗎？那這多出來的四、五十年又是什麼？執著於不足，所見皆不足，其實我們都「有餘」，只是自己不知道罷了！

26

你知道嗎？煩惱的背面是智慧耶，翻轉人生自己來

沒出大事的時候，人人都是好人，人人都很善良，人人都能說得一口好仁義，這沒有什麼難度。真正能看出靜心煉心功力的，是遭逢違緣、身心受到打擊的當下，人會如何反應？會一下子氣起來，翻臉比翻書還快？還是不管外界如何紛擾混亂，依舊能保持內心的寧靜與理智上的清明。有事無事，一顆心都能又靜又定，那就是真正的了不起！

「人人自有定盤針，萬化根源總在心。卻笑從前顛倒見，枝枝葉葉外頭尋。」這是理學家王陽明的詩句，我覺得他把《華嚴經》「一切唯心造」的概念理解得相當透徹，是個明白人。話說一般人都喜愛智慧，討厭煩惱，但怎麼就沒有想過，煩惱的背面是智慧，智慧的背面是煩惱，宛如一枚硬幣有兩面。所以高人才會說出「煩惱即菩提」這樣充滿深意

的話語。所以啦，很煩惱很煩惱的時候要怎樣？去把那個讓你受苦的人約出來打一頓？不用這麼麻煩，你舒舒服服坐在家裡稍微思考一下，轉心轉念轉境遇，把煩惱轉個面，智慧就跑出來了！在西藏，我們常用的比喻是沒有點燈以前，看到的盡是煩惱，點燈去除無明之後，看什麼都可愛、都順眼，這就是你智慧打開的作用。

當人處於迷亂、嫉妒、驕傲的狀態時，怎樣轉個角度，就地將煩惱轉成智慧？聽我一一說明：

◎心迷不能自悟時，換位思考

甲國的英雄是乙國的惡魔，特別當甲乙兩國相戰時。甲國人民說，某某將軍真是太威武了，簡直戰神下凡。而乙國人民怎麼看待這位將軍呢？「殺人不眨眼的魔鬼」、「身上背負那麼多條人命，你斷子絕孫啦！」談到這位將軍時，他們可能會很氣，什麼難聽話都說得出來。奇怪耶，同一個將軍怎麼評價差那麼多，事實真相究竟為何？

當人心被恐懼、憤怒、傲慢支配時，經常會出現以管窺天的症狀，這就叫偏見。偏見是讓人偏離事實真相的一種錯誤見解，即便看到全身是眼，也是看不清楚的。而這種看不清楚，不是你眼睛壞掉，而是位置不好，擋住你理解真相。當你想跟某人吵架時，你換到他的角度來看來思考，你想要跟某一個陣營開炮前，先跑到那個陣營裡面去看看，站在對方角度設身處地去理解的時候，很多問題，根本就沒有問題，不用吵也沒必要開炮。人我出現矛盾時，永遠記得換個角度重新思考。人我相遇相識不容易，相約吃飯喝茶那多好呀，何必大小事都要戰？

◎心妒不能安樂時，隨喜好事

嫉妒的人最會自尋煩惱，見不得別人好的人，最是會糟蹋自己。對治嫉妒的經典處方，隨喜是也。隨喜什麼意思呢？不論親疏遠近，你看見別人身上有好事發生，你都替他感到高興，這就是一種隨喜。隨喜會怎樣？你會有很多時間，都會很高興。這真是賺到了！之前我有講過保持心情愉悅對維持健康跟免疫力好處多多，有趣的人可以去找本《快樂醫學》來讀。

順帶一提，喜歡祝福他人的人，與福同行；老是詛咒他人的人，與衰同在。所以說，即便有個人你真的很不喜歡，你也不要背後罵他咒他，應該這樣說：「我希望他越來越好，智慧大開，有好的發展。」這樣就很好。

◎心傲不能謙卑時，尊人為師

如果你想要開智慧，如果你把對方當成文殊菩薩這樣禮敬，連敵人都可以瞬間化為你的助緣。西藏有位大師深信所有人皆有佛性，於是他遇到所有人，管他壞人好人奇葩人，他都把對方當成佛，不敢輕慢輕忽，後來，他果然在修行上獲得了極高的成就。

如果你沒有宗教信仰，稱人菩薩、稱人為佛，尷尬又不習慣的話，心裡面暗自把對方當成老師，那也是可以的呦！心中有蓮花，看誰都清淨；心中有大便，旁人說什麼都覺得臭。願你我從烈火中鍛鑄鋼鐵，從汙泥中開出蓮花，從苦難中醞釀甘甜，從奇葩人中證悟真如智慧。

減壓處方箋26　觀想成就的過程和場景，叫自己更容易成功

心之所向，美夢成眞。這是眞的！我親自試驗過，我所靜心觀想的每一個美好未來，它們都已經實現。量子物理學將思想視為一種能量的振動，觀察者

的意識可以去影響到受測量子的表現狀態。而在神經科學領域，學者也發現，個人的思想和情緒，能以某種方式去改變大腦的結構與功能。你怎麼想、如何思維，腦中的能量流動和神經活動都會出現相對應的變化。

簡單來說，當我們想著多跑十公里、多寫幾張紙時，我們是在調整和轉換思想能量，去吸引與顯化我們所想要成就的那些現實。透過共振效應，思想不斷影響著我們身邊的能量場，使得心想事成，確實能成。

或者，你也可以用「行為彩排（Behavior Rehearsal）」的概念來理解它。這一招，頂尖的運動員早就在用。學體操的，在心中預想完美的姿勢；打籃球的，在心中預想三分球命中；游泳競速的，在心中把每一個划水姿勢「想」到完美。能想得到，更練得成！有研究人員就觀察到，運動員在心中反覆預演時的大腦神經反應，與實際行動時的神經反應非常相似。心想事會成，不可不慎！多往好的方面想，少想一些亂七八糟的，做好念頭管理，人生大成功！

27

心隨境轉者常憂，境隨心轉者常悅

於苦中靜心淨心、於樂中欲望不興，能做到這種地步，放眼全世界，沒有一個人可以奴役你，包含你自己。你不會被自己「情緒勒索」，因擔憂、恐懼而犯下傻事，也不會被自己的妄念和偏見給蒙蔽，因而喪失對美好世界的感知能力，都不會。

無論順逆，心不隨境轉，是享大福報之人的特徵之一。心定心靜心安者，能慮能得，還可令自己免於諸多不幸。這是最高等級的預防和趨吉避凶。下面就來講講幾個紓壓安心之法：

◎一一破解執迷，悟道解脫終生受益

原本想不通、讓你很煩惱的事情，一旦想通了，就像學會騎腳踏車或學會游泳一樣，終生不忘。因為這是你悟到的，你識破、你勘透，親自體驗過煩惱，還親自將煩惱轉為智識，所以能不忘。悟真理、心解脫，這是你的「智慧財」，任誰都搶不走。

所以當煩惱升起時，別去討厭它、漠視它，反而要好好感謝它。每一個煩惱的背後，都藏有開智慧的契機，你一一去破除執迷，一次次放下自私、自欺、自貶、自怨和自哀，轉化了某一個煩惱之後，它就變成你的智慧，往後再遇到同樣的事情、類似的情境，你都可以輕鬆走過，不再受苦。苦既然都已經來了，不妨趁機好好參透它，觀察一下前因與後果。有苦必有解，至於那些無解的，就不是我們該傷腦筋的了！

◎有壓力不見得是壞事，沒有才是！

我經常勸朋友不要退休！我發現台灣有一整個世代都有一個「退休享清福」的集體意識。於是我仔細思考了一下「清福」的意義，有喜歡的事情可以做，而且還好手好腳好健康，能夠利益他人，也能珍愛自己，這應該算是很有福吧！如果是這樣，那退休以後啥事都不幹、啥壓力都沒有、成天窩在家，一不小心落入「孤獨死」的下場，感覺反而不怎麼有福氣耶！

以一個西醫的身分來說，我真心認為「能工作是福」，從工作退下來，過著零壓力人生，特別容易退化，我看過太多太多。為什麼呢？因為身體少動循環自然不佳，肌肉骨質也都流失得快，頭腦少動，應對緊急事件的能力逐漸鈍化，日後一個小小的壓力來襲，變成天要塌下來一樣，於身於心，反而更傷。我們的人生中，如果有一些壓力，它就像健身房裡的重量訓練器材，能讓我們的身心產生積極正向的效應。直面苦惱、展現力量，完成任務之後，所產生的快樂荷爾蒙多巴胺，或和人聯手解決問題、合作無間所產生催產素，都會讓你對自己的人生擁有更高的滿意度。

事情處理好、麻煩全搞定，清爽無比，這樣的福氣，是我認為比較理想的「清福」，也比較符合人體人腦的原廠設定。不用就退步，越用越靈光，肌力、腦力和心力，都符合用進廢退法則。即使到了九十歲還腿腳有力、耳聰目明的人，大有人在。請一定記得平常有事沒事，都要好好鍛煉自己。年紀大永遠不是不做什麼的藉口，想做的事不要等，今天，是你最年輕的一天！

◎令人恢復元氣的小確幸，不能沒有

試想，如果你跑完二十公里之後，有地方洗澡、有乾淨的衣服可以換、有營養的美食可以吃，跟你跑完二十公里之後，什麼都沒有，只有不知從哪裡吹來的冷風，吹得你瑟瑟發抖，順便還捲起兩片枯葉。哪種狀況你跑起來會比較帶勁、比較有期盼？大部分人應該都會選第一種狀況吧！同樣的意思，面對苦和無常，是大家都要面對的，不管你身價兩百億還是兩百塊，每個人都有各自要面對的生命課題。課題避不了，逃不了，但誰說不能在下課之後去放鬆、好好犒賞自己一番呢？當然可以呀！

平常先蒐集好一些能量點、安全屋、心靈的避難所，養成一些能令自己瞬間恢復元氣的小習慣，像是做一套瑜伽、沐浴焚香、旅行健行、擼狗吸貓……，一想到待會可以怎樣怎樣，現在似乎就能再努力一點、再衝一波。預先安排一些犒賞和獎勵在後頭，日子更有盼頭。

減壓處方箋27 試想如果困難全都消失，那一定很無聊吧！

所願不遂，是怨恨的起點，但它也可以是創意大爆發的起點、靈性成長的起點或是自我反思的起點。如果你恨了，那是真正讓自己裹足不前，停留在過去的痛苦情境當中；如果你受了，記取經驗再轉個彎嘗試其他可能性，或許就能從艱難中煉出黃金。

從更深層的存在意義來看，「困難」其實非常可貴。舉個最簡單的例子，如果醫師國考合格率百分之百，那考過了又怎樣？好像感覺不怎麼樣，題目出得太簡單，究竟有沒有考核到實力，那也不知道。事實上，國考及格率年年不同，有高有低，也有滿多人過不了。因此當我一次就成功的時候，真是爽!!這麼辛苦的過程，好險不用再來一次。

沒有難度、不可能失敗的手機遊戲，根本沒人要下載，即使它是免費的。

沒有難度的攀登、坐轎子給人抬上去的登頂，山頂的風吹起來都不涼了。沒有要克服的，意味著我們也沒有可以成就的，當全世界的「困難」都消失了的那一天，大家應該都會變得很無聊吧！

28

人心化現萬象，你以為如何，世界便如何

人往往只會看到自己心裡想看到的。

你心中有愛，周圍的世界便有了愛，你心中有光，看上去什麼都明亮。當然啦，倘若心裡有事，自然不得清閒，心裡有鬼，那更是看誰都妖氣。因此，自己明明說得在理，對方卻仍舊十分不講理的時候，別急、別氣、別難過。你只需要明白一件事，對方現在的狀態宛如一頭牛，在他身後，拖著一牛車煩惱，叫他無論走到哪，都非常辛苦。因此不能好好說話、好好用腦，也是可以理解的。

引以為鑑，回望本心，我們可以來自我省察看看，自己是否抱持著他人罵我、輕我、賤我、搶奪於我的怨氣？還是心裡頭更多的是他人愛我、寵我、敬我、施恩於我的感激之

情？自己心裡面是怎麼想的，將決定自己是生活在痛苦之中，還是歡快之中。

善用感恩感謝，喜迎吉祥如意

你的好心情，是你最大的資產，不用放銀行保險櫃，不怕貶值，就連天下第一神偷也偷不走。如果你經常用感謝的態度在人世間行走，那麼恭喜你，你將為自己開啟吉祥如意的每一天。相反的，如果用暴躁、不耐煩的態度面對滾滾紅塵，那麼請小心！萬一被煩惱的洪流沖進苦海之中，神仙也難救。

嗔恨不能制伏嗔恨，怨懟不能平息怨懟，唯有慈悲可以、唯有清朗明智可以！遇到深陷苦惱之中的朋友，我都會請他們跳脫來看、從高處看、從更長的時間軸去看。英國默劇演員卓別林（Charlie Chaplin）曾說，「人生近看是一場悲劇，遠看則是喜劇。」換我說呢，人我皆微塵，「百年後，再頑固的我，也終將歸於塵土。再剽悍的你，也只能化作微塵，回歸大地。既然我倆一般『土』，那又有什麼好爭的呢？」無爭之人，現在感到喜悅、將來也一樣喜悅。愛鬧之人，現在麻煩一堆、將來必定也是麻煩一堆。

省得麻煩、平添喜悅歡快，兩大善法報你知：

◎設計自己的人生，宛如插花

〈覺林菩薩偈〉金句「心如工畫師，能畫諸世間。」說明你眼下一切皆為你意識的表述。小心，心裡有豬，畫出來的就變成豬世間！從現在開始，立即開啟揀擇、審美的技能值，請想像自己是一名高超的花藝師，留什麼、捨棄什麼、怎樣布局、怎樣看上去平衡又美麗，什麼是該修剪掉的、什麼又是該保留突顯的？靜心悠然思索，淨心坦然抉擇，一盆好漂亮的生命之花便在你的巧手慧心下完成。

順帶一提，能超越一般世間花朵，可以逆風薰習、逆風也香的，是以善良和智慧澆灌的花朵。蒐集很多這樣的花朵，可以串成非常吉祥的花鬘。以此為心靈的飾品，德香傍身，走到哪哪香，任誰見你都歡喜。

◎無常最是尋常，欣然賞落花

感性的人，花開花落嘆無常。理性的人，花開要是不落，那一定是假花！塑膠做的。地水火風聚集，是為生，地水火風離散，是為滅。宇宙萬物如此，人身也一樣。你會死我也會死，他也一樣，從這一點來看倒是滿「公平」的。要是不懂得欣賞幾片落下的花瓣，恐怕還把自己活得像是會長生不老一樣，隨意浪費蹉跎。

不重要的事，在委婉拒絕他人時，很多人會說下次吧！找時間，再看看，等明年。但真正重要的事，你不要自己拒絕自己耶，想說等小孩長大、等賺到一百萬、等到功成名就再來如何如何，等五子登科才敢怎樣怎樣……，等等等等，等到花兒都謝了，真正重要的事情盡付蹉跎。唉，萬一沒有輪迴、沒有機會投胎重來，那錯過就是真正錯過。

每天都有花瓣落土，賞落花的時候，別光顧著看花雨好浪漫，別光顧著怨嘆都掉了好可惜太晚來了。若能借景體悟生滅無常，這落花就不是普通的落花，而是教會你一期一會、一生只有這一次相遇的花老師。領悟每一個當下的特別，怎能不拿出誠意來好好對待？對他人好一點、對自己好一點、對全世界好一點，盡心、盡歡的每一個當下，都是圓滿。

減壓處方箋28　不讓嫌棄他人的反感，擾了自身的閑靜自在

拿他人的愚昧、別人的無明，來懲罰自己的人，是真傻!!你看不慣、暗自討厭別人，嫌棄加反感，在心裡頭偷偷罵。或是發臉書、傳進聊天室裡，不指

名道姓但繼續罵，還揪著一眾好友、一幫網友加碼一起酸。如此反覆加重自己的嗔恨習氣，對方眞的不會怎樣，還活得好好的，但你恐怕會生病，晚上還特別不好睡。看清楚了！其實沒有人欺負你，是你在欺負你自己。

抱怨抱怨，如果懷裡抱著眼前的怨恨，分散掉你大部分的精力和注意力，遠大的抱負終將難以實現，抱錯東西了嘛！嘿，別忘了，能挺過新冠、能活過大大小小天災人禍的我們，其實都很幸運耶！不拿最高標準去檢視他人的同時，你也放過了自己。我們如此幸運，感謝上天都來不及，哪還有心思嫌棄？不嫌，不能嫌，一嫌下去肯定閒不了，幸運的你跟我，還是活得自在閑靜一些才好。

29

轉顛倒為正，消融煩惱的我，活成智慧的我

我們經常忘記去肯定自己存在的價值。殊不知，光是你有在呼吸這件事，本身就很有價值。你看那樹，如果植物生命沒有二氧化碳，就很難進行光合作用，這將直接影響到它們製造養分的功能。地球上所有生命都相互依存，一環扣著一環，人光是活著，即為生物拼圖中不可或缺的一塊，要有這個認知。任何時候都不應輕賤自己或他人，所有生命都很珍貴！

鍛煉心靈肌肉，先學會放下

壓力山大的人、煩惱比天上星星還要多的人，更應該覺得自己了不起。因為你承擔了許多，或許是工作，也可能是義務或責任。做為一個勇於挑戰的人，是非常帥氣的喔！我覺得你很像是千手千眼觀音，想要幫大家做很多事情。確實是了不起。但同時處理多件事情、挑戰極限，能讓自己不斷精進的鍛煉，哪有不累的！肯定不能太輕鬆，否則根本訓練不到。你今天挑戰三十公斤，能耐鍛煉起來就是你的，下回遇到二十公斤、十公斤，簡直就像拿起羽毛一樣輕鬆。

喔對了，有件事很重要不得不提醒一下，那就是「放下」。即便世界舉重冠軍，抓舉挺舉百來公斤的那種，也是不會傻傻舉著一整天的喔！誰不是拿起來立即就放下？一、兩百公斤不是開玩笑，會壓死人的耶！而當你在鍛煉心靈肌肉時，也是一樣，不怕壓力大，只怕不放下，不放不放，也是會壓死人的，千萬小心！實話說放下有點難，兩個要訣先學起來：

◎終止迷亂循環，矯正顛倒

遇到一再重複的痛苦情境，要跟它比中指嗎？比中指沒用，終止它才有用！下次才不會踢到同一顆石頭摔跤。不摔跤，靠的是「覺」。你有發現自己好像重複了某些痛苦與煩惱嗎？沒發現的話，那就是還身處於迷亂之中，有發現的話，太好啦！你覺了、你醒了。

光是覺醒、覺察，人就能受益。你將有超過一千種方式終止迷亂循環、轉顛倒為智識。比方說，媳婦熬成婆，變成婆婆後，「哼，肯定不讓媳婦好過，要跟自己當初一樣苦。」這是迷。覺又是怎樣的呢？「我以前那樣很辛苦，我悲心升起來，不願意讓他人重蹈我的覆轍，我想終止一切不合理和陳腐窠臼。」這是覺。經常這樣覺一下、覺兩下，別人會不會爽快不知道，但至少自己能從虐來虐去的顛倒中，解脫出來！當有人果斷說出，「所有的痛苦到我這裡為止、到這一刻為止」的時候，這是非常非常大的慈悲，不只我感動，連天地都為之撼動。

◎煩惱全消融，上報四重恩

上報四重恩，四重是社稷、父母、三寶和眾生，這是我來台灣學到的。西藏的說法是「願獻利樂於如母有情」。我們將所有生命都當成孕育我們的母親一樣，來感謝、來回報。這樣做，非但不會讓我們變成「媽寶」，反而會時刻提醒著我們，萬千生命的互相依存性。吃一粒米，想到種的那個人；穿一件衣服，想到洗衣服的人。若沒有他們，我哪能過得這麼舒服愜意？真是感謝、有你真好，有機會也換我好好回饋一番吧！人一旦學會謙卑感恩，日子就會很好過，自己的日子、他人的日子，都是如此。

你如果去聽兩個爭吵的人的內容，旁觀者清，很清楚就能聽出來，肯定是因為其中一方，或雙方，受「愛我執」欺瞞的緣故。覺得自己好犧牲、自己的事最重要、自己的意見才是意見，諸如此類。內容千變萬化，但迷障皆出於同一個「愛我執」。愛我執表現為對自我身分、觀念、所有物，以及其他與自我相關的人事物的過度貪著。正是這種執著，阻礙了我們對實相的正確認知。被愛我執欺騙迷惑的人碰上了，不能免一定是各種吵、各種鬥、各種煩惱海嘯般襲來。

喂，不要去苦海裡游泳誒！謙卑、感恩，感到受了許多世間恩，而想要回報世界的這種想法，有沒有真的做出貢獻不知道，但光能這樣想，你就已經替苦海中浮沉的自己，丟下一個十分可靠的救生圈。「感恩一切如母有情」學起來，願為世間獻利益、獻安樂，何止千手千眼，一千種更美的活法都將在你身上實現。

減壓處方箋29 把「我覺得如何」，替換成「你覺得怎樣？」

嚴重干擾你我享受美好人生的一個執念，「愛我執」是也。愛我執指的是一種過分貪愛、執著自我的心態。它由「我執」所衍生，我執意思是執著於有一個實在的「我」存在。愛我執最大的特徵是，凡事只考慮到自己的利益，不顧及他人是否安好。愛我執特別重的人，貪嗔癡也都會特別深重，做了不好的事情自己還不覺得哪裡不對，導致生命蒙受種種損失、痛苦和無法承受之重。

解「愛我執」之毒，特效藥是利他。而證悟空性的人，能打從心底根除愛我執毒性。然而這屬於比較高階的修煉，初階練習，轉我為你，化礙成愛。過去認為「你應該尊重我、服從我」、「一切我說了算！」，替換成「你覺得怎樣呢？」、「你還好嗎？」將自我阻礙轉化成利益他人之愛，這對升起快樂心、減輕人我壓力都非常有幫助。

30

改良「受器」，讓你不再無緣無故受氣

好命人與歹命人，明明都是人，為什麼一個活得自在得像是天上逍遙的雲朵，一個卻沉重得宛如人們腳下骯髒的汙泥？雲泥之別，不在財富、地位或權勢，關鍵在於你如何「受」。受什麼呢？受到優待，還是受欺負、受委屈？受人尊重敬重，還是飽受冷落？人覺得自己受了什麼，將決定自己的人生是過得十分美滿享受，還是經常受苦受難、擔心又受怕。破解一個「受」，它有三種層次，一起來瞭解：

◎第一層，在受得了跟受不了之間，你願意為自己多爭取多少進步空間

遇到大部分事情，我多半會選擇「受得了」這個選項，以樂觀正向的態度去面對。例如打雷還好嘛，沒打人算不錯！雖然事情又多又繁雜，但我還是能處理得來喔！這條路看上去超級辛苦，但我應該可以走完。先假定自己「受得了」，神奇的事就發生了，還真能完成耶！我預先看到結局是沒問題的，事態的演變，還真的常常會照著我的預測走。是我的願力毅力感動上天嗎？天人有沒有感動我不知道，總之，先認定自己可以、行、沒問題、OK的，後頭會少掉很多問題。至少不用處理心理壓力抗拒的那一部分，負擔就已經減輕了一大半。

要是習慣性說「受不了」，又會是怎樣一個畫風？「太陽好大熱死了，真是受不了。」這樣想雖然不會真的馬上熱死，但心裡肯定很煩躁。「我真是受不了某某」、「我最受不了你怎樣怎樣」、「受不了，麻煩死了討厭死了」。說一句受不了，自己先「死」上好幾回，命運之神會不會放過你不知道，但我很肯定你沒有放過你自己，好心情跟原動力，已經先失一大半。

正面期待與悲觀看待，一來一往，你我應對壓力的本事，差了至少一倍。就算數學是體育老師教的，應該也能輕易算出來。去討厭、去在意自己受不了，相當不划算。因而浪費掉的時間和精力要是拿來游泳，說不定都能橫度日月潭了呢！

◎第二層，受覺不同，世界大不同。更可愛還是更討厭，取決於你的目光

一個人心有沒有煉好，看他品味評斷世界的方式就知道。老是罵罵咧咧，這邊也要點評一下，那邊也要看不爽的，你就知道他的「受器」大概不怎麼樣，大約幼稚園程度。因此幼稚、可愛一點，也無須訝異。倘若你今天看到一個人，他似乎老是在笑，看上去特別愉悅的那種，心裡不免懷疑，難道他喝的水是神仙水？他呼吸的空氣是甜的？可能真的是喔！「受器」特別高級的人，感受幸福、發覺身邊小確幸的功力，確實不一般。

站在大太陽底下，旁人在受流汗之苦，他還有閒情逸致欣賞藍天白雲。不是他沒有汗腺不會流汗，而是他可能知道，汗液其實裡頭還含有抗菌成分呢！能流汗很棒啊，不流汗才怕中暑。水是一樣的水，太陽是同一個太陽，不會說你今天身價十億，晒的就是黃金太陽，存款只有十塊，就會變成毒辣太陽。晒得爽不爽快、開不開心，在於人的覺受。覺得怎樣、感受怎樣，那太陽就怎樣。跟地位權勢名望其實沒有太大關係。

◎第三層，清淨覺受，能感受到快樂，活得長才叫長壽，否則盡是折磨

當我在講「健康到老」主題時，有人私下跟我說她其實不想活那麼久，死了更乾脆。我說不要死啦，時候還沒到，想死沒那麼容易，跳下來骨折摔斷腿，活受罪而已。福氣多

多的人，即便只活一天，他都能把那天過得很好。當福氣耗盡，儘管銀行裡還有幾千萬，那也跟自己沒關，連一杯牛奶、一口粥都吃不進去，餵一餵，還給吐出來，真的會非常心疼他。我們平常要盡可能替自己累積福氣，活，好好活著，死，也要求一個好死。

「〇〇××還好嘛，我還有在呼吸算不錯！」每一次感受不好時，立馬自我警惕、立刻覺醒、立即翻轉，換上感恩、正念正思維，重新再想一遍。每一個不如意，你都能靠一己之心力，將它轉為吉祥如意。如果你願意跟我一起常常這樣做，你的心會越來越清淨，受器越來越高級，受氣的機會越來越少。自己的能量提升了，很多怪怪的東西都不會靠近你，頻率不一樣嘛。這是對自己身心最強而有力的保護和預防。

減壓處方箋30 不在令人不悅的既定事實上補刀，改說柔軟語

有智慧的人都知道遠離惡口的益處，拒絕使用粗暴言語傷人，自己也舒服、日子很好過。畢竟，罵人的時候自己也會很氣、血壓很高，腦袋要搜索

一些不好的辭彙，這也是在加重自己惡的習氣。那麼，一刀見血、像是糾察隊那樣直指痛處可以嗎？還是不要比較好。一樣是出於善意，我們還有更好的選擇：講柔軟語。不在對方傷口上撒鹽，改以柔和的方式、幽默的口吻，更好地去適應對方的情感和需求。先求不傷心，再講療效。

太犀利的說話方式，別人看你聰明是很聰明啦，但自己其實不夠有智慧。刀子口，令人更難過、更悔恨、更懊惱，於事無補，還令對方心靈能量更加低落。聽你這樣說，面子上掛不住，搞不好變得更頑固、更叛逆也不一定，這是雪上加霜。不如來雪中送炭，怎樣送？送出柔軟語，出於菩提心的柔軟語，能帶來安慰、平靜，令人心悅，先把彼此心靈能量都提升起來，之後要療癒、要激勵、要翻轉顛倒，那都很容易。

31

古老東方醫學的紓壓智慧，四招學起來

西藏醫藥學與印度的阿育吠陀（Āyurveda，長壽養生術）皆認為，宇宙萬物包含人類，皆由地水火風空五元素所組成。宇宙本身即為一個和諧良善的存在，若人也能恢復如初，地水火風空五元素協調不失衡，基本上就會是健康無病的。當人的身體與心靈紊亂，處於內外不和諧的狀況下，壓力就產生了。現在有很多人說自己被壓力壓得喘不過氣來，其實正是因為身心靈「分家」的緣故。分家不是說你靈魂出竅、魂魄被外星人吸走，這是科幻片啦！我所說的分家，是指身心靈沒有整合，各有各的意見。比方說，每到禮拜一早上，你可能會想，「我的身體雖然在前往公司的路上，但我的心靈卻很適合去度假。」大概類似這樣的感覺。

身不由己、靈不由心，嘴上說的跟心裡想的、實際做的，出現矛盾，甚至是完全不一樣。看客戶和主管不爽，還得應付一番，問候、笑臉迎人、約吃飯，以和為貴嘛，都說人情留一線日後好相見，若你真這樣想，那倒也沒事。最怕心中的小劇場是「見什麼見，我根本不想看到他」、「不用跟他打交道那是最好啦！」心裡這樣想，卻仍不得不想辦法，和比病毒還要討厭的對方「和平共存」，怎麼可能壓力不大。當人心口不一、內外分裂為二時，感到緊張、焦慮、厭世、疲勞、難以專注，也是情有可原。壓力得不到適當紓解，人將體驗到各式各樣的身心症狀，最常見有頭痛、失眠、情緒起伏大、不正常變胖或消瘦、消化系統紊亂等等。

重整身心靈，我們不用真的重新去投胎，恢復健康平衡自己來，下面四招馬上教你：

◎起床第一件事，喝一大杯溫熱開水

早上醒來第一件事，很多人都是趕快摸摸看手機還在不在。老婆老公不見不打緊，手機不在身邊，很多人都會渾身不對勁。是說智慧手機多多看，真的會比較有智慧嗎？好像也沒有。那急什麼，晚點滑也不遲。倒是幫排毒大加分的一個動作，很適合剛睡醒的你來做。喝水、喝水、喝水、喝水，很重要所以講三遍。

微脫水的人心悸、頭暈、脾氣差就算了，要哭，還沒有眼淚。好險這種情況不會發生在你身上。因為現在你已經知道，經過一整晚，自己的內臟（尤其是大腸）、皮膚、口鼻都需要水分滋潤。口鼻喉飽水，不容易感冒，皮膚飽水，漂亮水噹噹。最棒是你一大杯溫熱開水喝下去，馬上產生便意，這樣就不怕「隔夜毒」殘留在身體裡。

◎做任何事都要知止能斷，有所節制

但也不要太節制了！太節制那叫機車、龜毛。宜採中庸之道，剛剛好，那就很好。不要不夠，也不貪多太超過。譬如免疫系統過度反應，那是過敏，免疫系統沒反應，啊，糟糕，要趕快來給我瞧瞧。

回歸平衡，你可以觀想虛空中有一座金色天秤。那天秤一定是正的，不是歪的。正是什麼正呢？我們西藏說正念、正見、正思維、正精進，從事正當的行業、說正語、幹正事、走正道。身口意都不歪，別做一些太超過的害生事，非常有感的，你血壓、心跳、體溫馬上恢復正常。

◎覺起來！害生事不做，利生事常做

覺醒、覺悟，去察覺自己的身心是否安好？去察覺自己每一個損害生命的無心之過，儘量去改正它。害生不一定真的把對方打一頓、陷害他，才叫害生。放著柔軟語不說，老說一些暴戾之氣很重的責難語，害自己血壓飆高，還傷害對方幼小的心靈，這就叫害生。理直氣和，先把自己的能量提升起來，到時候你不愛說，別人還搶著聽呢！

◎選擇新鮮、當令、少加工的好食材

隨便吃，那叫維生，吃得好，才是利生。均衡豐富多元的飲食，對壓力管理有一定的助益。這一點都不難理解。我就問，你肚子餓、身體營養不夠時，能跑給獅子追嗎？肯定是不能嘛。吃好喝好，頭好壯壯時，誰還跑給獅子追？靈機一動，直接變成馴獸師不就得了。當然這只是舉例，我們人沒事別去找獅子麻煩，可以活久一點。

減壓處方箋31　用祝福他人的心意，為自己加值健康

咒罵他人或和人起衝突，身體率先分泌的是壓力荷爾蒙皮質醇，使你心跳加速、血壓升高、準備和對方大幹一場。而祝福他人擁有美好的未來，祈願風調雨順、國泰民安、六畜興旺、四時吉祥，你大腦分泌的則是腦內啡和催產素這兩種神經傳導物質。它們傳導什麼呢？幸福和快樂的感覺。有專家研究出來，當你因為對世界懷抱善意而分泌催產素的同時，你還順便替自己的免疫機能增加不少戰力，比較不容易感染、不容易生病的意思。

惡有惡報，不是說一定會被雷劈、被抓去關或怎樣，自己身心紊亂無明、失衡失養，本身就是一個叫人難以下嚥的惡果。善有善報，你對生命抱持善意，對他人、對世界都懷抱善意，先不看後頭的善果來了沒有，光是健全免疫機能、令身心愉快這兩大益處，我覺得就已經是大大的賺到。

32 聰明反被煩惱誤，預防失智強化韌性的四項練習

右腦比常人活躍、感官格外敏銳、心思細膩的高敏族，都很能同理他人處境。見到有人受苦受難，特別能感同身受。這本來是好事情，對於發展慈悲心中的悲心，相當有利。但有時，聰明反被煩惱誤，錯將他人的煩惱攬在身上、誤將他人的情緒往自己心裡塞，搞得自己內壓很大。如果大到戳一下就會爆掉的程度，對身心健康都會造成很大的負擔。

人心就小小的一個拳頭大，你不安、悲傷、恐懼、焦慮……通通往裡面塞，心海都被你變成苦海。自然是苦不堪言，會想要逃避，或覺得人生沒有一點樂趣，那都很正常。這時候，不用真的逃去深山林內，求一個古佛青燈伴餘生。要確定餒，山上蚊子多，到時候被咬怎麼辦？我常開玩笑說，躲去山上也沒用，問題不會解決，只不過換一個空氣比較好

的地方繼續煩惱罷了！不如，這一週我們來試試當下解脫、就地開悟如何？強化抗壓韌性順便預防失智的四項生活練習，先來試試看：

◎感到不安時，面對問題

不安這種情緒，是有可能像雪球一樣越滾越大的喔！原本只有一點點不安，再經過自己的妄念「加工」，外加旁人加油添醋幫倒忙、瞎攪和，那就會變得非常不好處理。本來只需要處理「問題」而已，現在還要處理「情緒」和「問題」，自然加倍棘手、加倍消耗。那，該怎麼辦才好？

「面對它、接受它、處理它、放下它」，聖嚴法師有教，智者金言，有聽有保佑。不安的情緒，多半來自於對未來的恐慌，實話告訴你，有九成你擔憂的事，其實都不會發生。特別是你斷念，妄念斷得夠乾脆的時候，事情反而不會往你看壞的那個方向走。人心有化現萬事萬物的功能，真要想，請往好的方向想，這是願力。往糟糕的方向想，就成了怨力。上天還是下地，只在一念之間。

◎感到悲傷時，坦然體驗

人生是一段悲欣交集的旅程，有苦，也會有樂，我們的生命因此有了厚度。唯一要提醒，歡喜的時候不宜太超過，以免樂極生悲。悲傷的時候也應該有所節制，以免傷身傷心又傷害運氣。

世人都道無常苦，殊不知，苦亦無常。身而為人，悲傷的時刻一定會有。然而這個時刻也一定會過去，它不會永久存在。順帶一提，悲傷之液，有淚水和汗水兩種形式，它們都會將不可承受之重，排出體外。所以壓力大的時候，有人喜歡去看悲劇哭一哭，有人喜歡去健身房揮汗運動，兩種都很紓壓，挑你喜歡的做。

◎感到恐懼時，守護能量

恐懼與憤怒，都非常消耗生命能量。憤怒屬性火，一怒起來，火燒功德林，連同好心情一併灰飛煙滅。恐懼性質屬水，恐懼浪潮一波波襲來，能將理智吞滅，連同心中最後一塊淨土一塊兒湮滅。一個煙滅、一個湮滅，手法不一樣，但結局都是「滅」。

所幸，上面講的是最極端的狀況，我先講出來「破梗」，一旦說破，它們就不會發生在你身上。跟悲傷一樣，喜怒憂思悲恐驚七情，我們原本都有。別太超過就是，不要到達

「七情致病」的程度，七情本來無傷。

進階修煉：檢查一下自己的恐懼是否出於愛我執，如果是，修正自私自利最好的方法是利他放捨。維護內心的平靜安適，利他是萬年有效的舒心處方。

◎感到焦慮時，閱讀好書

有辦法處理的不用焦慮，沒辦法處理的焦慮也沒用。所以，天底下真的、真的、真的，沒有什麼值得你焦慮的。若有，那就讀本好書吧！倘若還是焦慮，那就讀兩本！不一定要讀勵志書啊，也可以閱讀專業書籍，實際去解決你面臨的問題，直面焦慮、直接處理，焦慮解決，自己也解鎖了新的技能，一舉兩得。

把自己變成一個萬事通，訓練自己解決問題的能力，除了戰勝焦慮外，你還成為一個令人安心、覺得可靠的存在，這樣就很好！

減壓處方箋32 起點在我發揮在他，讓對方認為這是他的好點子

如果你的心海眞的像大海一樣寬闊能容，那麼，別說人家恨你、違逆你，愛你、搶著跟你合作都來不及。我很崇拜的文殊菩薩常說，「讓他們都開智慧吧！」讓那些詆毀我的、怨怒我的、不爽我的通通開智慧吧！多大的胸襟、多好的辦法。

和人交流共事，成功不必在我，我往往更樂意扮演那顆啟發智慧的火種，去激勵夥伴想出一些更完善、更美妙的好點子，然後把功勞歸給他。很懂助攻的戰友，往往是一支成功球隊裡非常關鍵的存在。把球傳給當時正處於最佳位置的人，你願意嗎？看著隊友帥氣得分，你能跟他一起歡喜嗎？如果能，大家搶著跟你組隊都來不及，哪還有嫉妒你、忌憚你，或打壓你的心思。即便有，那也可以不用理他。

33

淒風苦雨鍛肉體，水深火熱煉精神

肉體成長靠鍛煉、心靈成熟靠磨練。難得來地球走一遭，宛如獲得一張學到飽招待券，只要時間能安排上，我都會儘量選修各種課程，放開心胸好好體驗一番。如果今天能比昨天進步一點，哪怕只有一釐米，我都很開心。最怕就是在地球這個大學校裡，千年一歲，萬年也一歲，明明有這麼多逆境、違緣陪著一起用功，自己卻毫無長進，仍舊幼稚得像個一歲小娃娃一般，如果說這不可惜，那簡直沒有什麼比這更殘念的了。

生命課題，修到悟到賺到

「人生天地之間，如白駒過隙，忽然而已。」我曾想我應該沒有很多個十年，去過人家希望我過的生活，所以在很小的時候，我便毅然決然赴異地求學，尼泊爾、印度、德國，最後來到台灣。在每個快要不行的當下，也是會想「早知道就不來了」，卻也沒有回去。倒不是說我自己精神力有多強大，不過就是窮到沒錢買機票回家而已。

幸好那時候窮、是窮學生，否則老早機票刷下去，回香格里拉逍遙了。我的家鄉是旅行作家口中的「人間天堂」。放著好好天堂不待，跑去外面自討苦吃，有時我也覺得自己叛逆得莫名其妙。也幸好當初年幼無知膽子卻挺肥，哪都敢去，現在回頭來看，我得到最最珍貴的一些體悟，也都是離家時悟到的。當時嘗到的苦，經過時間醞釀居然還會回甘耶！

如果你現在正處於某種苦的當下，千萬別怨嘆自己怎麼這般歹命，說不定你也跟我一樣，是能蒐集到許多生命體驗的幸運兒。宛如參加了密集特訓班，你一年艱辛所悟到的，說不定更勝常人歲月靜好的數十年呢！關於體驗苦，我特別有經驗，願與你分享：

◎看清苦的真相，升起遠離痛苦之心

苦有生老病死、求不得、放不下、五陰熾盛苦等種種苦。生活中大大小小不幸的事情，使我們焦慮、緊張、害怕，這些都是苦。先瞭解迷亂循環的本質是苦，產生厭離心，討厭這些苦，想要脫離苦，產生擺脫迷亂循環的動機。用醫學來打比方，苦像是各種疾病。

◎明白苦的原因，盡一己之力終止它

是因果，是我們自己的行為，將自己束縛於迷亂循環之中。如果說業力是種子，種子會不會發芽成熟，需要土壤、雨水等各種條件齊備，在這個比喻中，我們的煩惱宛如土壤、雨水等催化因。貪嗔癡慢疑，皆令人煩惱。當人執迷於色受想行識五蘊時，往往會感到痛苦懊惱。

倘若你覺察出某一種苦的「原因們」，即會產生一種終止苦的效果。因為人本來就偏好離苦得樂，得知原因之後，自動會趨吉避凶，斷離苦因。注意喔！我之所以用「原因們」，是因為原因通常不只一個。以為某種苦出於單一因，這是一個誤解。用醫學比喻，某人代謝症候群，不只單單因為他吃太多，同時可能有運動不足、久坐或其他影響代謝的原因。把因一個個刪除，苦終將慢慢消解。

◎走上解脫路修習專注，觀照身心靈

苦樂向來由心不由他。當然，需先有一個對象激起我們的厭惡、憤慨、激情或貪戀，產生離不開、得不到的種種苦受後，開智慧的契機就來了。跟那對象毫無關係，其實是我們自己的感受、念頭和情緒，在決定自己是苦還是樂。比如今天有一隻 Hello Kitty 放在那，有人覺得好可愛，有人卻說，「哎呀這隻貓沒有嘴，好可怕呦。」絨毛娃娃本身沒有可愛也沒有可怕，是觀賞者的心，賦予它評價。

倘若你靜心一分鐘，專注去觀照某一現象或某個對象，瞭解到它生滅無自性，那麼你就掌握了諸多可能性。這就是地水火風空五元素裡頭，空元素的美妙之處。從此，你將看穿一切欺妄，自己去終結因為無明所引發的負面情緒與行為。你照見世間繁花似錦，有許多和自己本質不同的美妙存在。你愛上身邊的一草一木，看出它們的彌足珍貴。當你走過苦痛，從此更明白，其他生命也和自己一樣不願意受苦。若進而生出不捨與悲心，想要利益他人、利益生命，那麼恭喜你，你已踏上菩薩道的起點。

減壓處方箋33 輸贏向來由心不由他，做一回快樂的季軍

好奇心旺盛的觀察家曾做過一項研究，拿到什麼獎牌的人最開心？不是冠軍也不是亞軍，是季軍！後來我還特地認真看了巴黎奧運國手們的受獎畫面，果然很多亞軍都臉臭臭。獎金其實也不賴啊，幹嘛臭臉？因為輸了。在冠軍爭霸戰中，吃了敗仗。至於季軍又為什麼很樂，甚至笑得比冠軍還燦爛真心？因為贏了。本來以為成功無望，不料卻擊敗第四名，得到了一個站上頒獎台的機會。賺到了！喜從天降的感覺。

在各種人生競賽中，誰說只有第一名才能笑？事實證明，更樂的是前一場輸了、最終場贏回來的季軍。先失去再得到，開心啊！有時我就在想，說不定最後一名也很樂，如果他心裡想的是，「有機會代表國家出賽，我很榮耀啊！」又或者，「明知不會贏，我還是決定上場奮力一搏，我替自己感到驕

傲！」眞正的勝利不在於獎牌的顏色，不在於到底有沒有得獎，而在於我們如何看待這次經歷。毫無保留，盡情享受過程而戰勝自己的每一位運動員，我眞心認為他們都是眞正的贏家！謝謝他們為我們演繹了生命的精采！

34

緩慢深長好好呼吸，氣順了，心也就平安了

現在呢，請你花一分鐘，放下手邊所有事情，靜靜地跟自己在一起。利用這一分鐘的時間，觀察呼吸，放鬆臉部所有小肌肉，尤其是眉頭，放鬆肩膀，挺起脊柱，兩腳安穩踩著地。你覺得自己的呼吸是短急淺？還是緩慢深長且勻稱？一般上高速公路我們看到龜速車擋在前頭，不免一股無名火湧上心頭，恨不得他開快點或閃遠點。但在日常生活中，「龜速」反倒是好事情，特別是在呼吸上。我都說，想要長壽如龜，首先你得呼吸如龜。

在森林裡大口大口森呼吸，或是在家練習腹式呼吸，調息綿綿、深入丹田，去提高氧氣攝取量，讓全身每一個細胞，特別是耗氧量特別大的腦細胞，都得到充分的補充。如此一來，你不用花一毛錢，就已經在幫自己累積長壽無憂的本錢，隨時隨地都可以做。比吞

化學合成藥物還快、還速效，馬上能減輕壓力、焦慮，並且改善身心健康的方法，就是呼吸。森呼吸、腹式呼吸，或我在YouTube上教過的任何一種呼吸法，六字真言呼吸、龜息法、黑蜜蜂呼吸法，都是在幫你活氧、順氣，氣順了，心也就安了。

氣急，好事也敗壞，氣緩世事圓

呼吸如龜、又長又深又勻稱的好處是，你透過有意識去調節呼吸，放慢呼吸，你同時間是在調節你的自律神經，調心律、穩定血壓、減壓抗焦慮之外，連思慮都會更加清晰。這對去除無明是極有幫助的。在我家鄉，對開智慧很感興趣的修行人，全都是呼吸的高手。小時候我住的地方海拔非常高、空氣格外稀薄，誰敢不好好呼吸？自然是不願意氣急敗壞罵人，或是急忙忙急匆匆去把自己搞得手忙腳亂。心急、氣亂氣短，在高山上是特別難受。不信你試試，算了，還是別試了，弄不好變高山症也是麻煩。

當人處於壓力環境下，譬如上台演講前、跟凶巴巴的主管做簡報時，由於太過緊張的緣故，會說自己「大腦一片空白」。空白是個形容詞，確切來說，我們的大腦會被過度分泌的去甲基腎上腺素（Norepinephrine）影響，出現暫時性當機、難以專注或者妄念紛飛的狀況。這時候，如果你能透過呼吸，把它穩定下來，那你就能重返主控台，重整你的思路和分析理解能力，再次恢復帥氣又知性的一面。

迷與悟距離多遠：一呼一吸之間

印度長壽養生術阿育吠陀指出：「呼吸是思想的生理部分，思想則是呼吸的心理部分。」在有意識的悠然吐納之間，你串聯起你的心腦，你主動讓自己的身心靈回歸平衡，這是一種很舒服的感覺，我特別喜歡。

你可以看著手錶或時鐘，實際測試看看，自己一分鐘呼吸多少次，請儘量放慢，數數看。一吸一吐叫做一次，成年人一般在十二到二十次間算正常。如果你有運動的習慣，說不定你已經跟靈修大師一樣，呼吸次數低於十二次，這表示你呼吸效率極高，肺活量也很不錯，請繼續維持。

收看教學影片請上 YouTube 搜尋「洛桑藏心閣 文殊菩薩心咒」

或掃描 QR Code：

減壓處方箋34　活腦醒腦壓力全消、智慧大開，諦諦諦念起來

曾有學者監測出家人的生理指標，腦波啊，心律、呼吸這些，發現不少人在冥想、誦經或持咒時，呼吸都跟頂尖的自行車選手（平靜狀態下）一樣，能達到每分鐘六次的好成績。而我自己在念〈菩提心祈請文〉時，確實也是氣要滿長，每一次吸氣都會不自覺儘量吸飽一點，比較好念，自然不會有過度換氣的問題。不知道是因為佛菩薩加持，還是因為呼吸降速、一次次進氣量更增加的關係，總之，理智清明、心情平靜愉快的好處我確實是感受到了。

經常有人問我，持咒讀經要念出來比較好嗎？默念不行嗎？我的答案是，在不吵到別人的情況下，念！當然要念！尤其文殊菩薩心咒：「嗡阿喇巴箚那諦」，結尾的「諦」，我都會諦、諦、諦……這樣多念好幾遍，好像在幫大腦做按摩一樣，去感受那個音波的共振，會有一種特別祥和寧靜的感覺。想要強化專注力、智慧大開、消煩解憂、晚上好睡、考試順利的人，我都會教他念心咒。你親自念起來，不說別的，光是呼吸效率越來越好、心律平穩這一點，這就是大大的賺到。

35

來練倒三角呼吸法，打造健康金三角

再生、免疫、排毒，若人體這三項功能都能順暢運作，你將恢復人類最自然的存在樣態：「健康」，這就是我說的健康金三角。

再生免疫排毒，全方位養生自己來

照顧金三角的方法很多，比方說如果你想要自己身上的細胞能以一種更好的方式再生，你可以替它們提供充足的營養和氧氣供應，也能藉由自體生長因子和幹細胞技術來實現這個目標。而降低慢性發炎和減少氧化壓力，保持良好的生活習慣與自在愉快的心情，也都為細胞再生創造了更有利的條件。

在季節轉換、流感好發時期，我們特別需要的免疫力，其實也能靠自己的力量來鞏固。什麼樣的人擁有成為不生病好命人的本錢，免疫力一級棒、吃得好、睡得飽，有良好的衛生習慣與運動愛好，又很能排解自身壓力的人。

再來講排毒，在日常生活中，我們自己能做的又有哪些？第一，保護好你的肝臟。因為它是人體很重要的解毒器官，凡是會傷肝的，例如過量飲酒、高脂高糖飲食、熬夜加班或打電動等有害行，就從今天開始一一戒掉。此外，排除生活周遭有害的化學物質、排除心靈的貪嗔癡三毒，也都有利於排濁納新、有效促進身心健康。

拿回健康主導權，從呼吸開始練起

關於健康，你能夠替自己做的部分，遠比想像中的還要多更多。我常說醫療院所提供的助益頂多百分之二十五，想要無病無憂、健康到老，剩下的關鍵百分之七十五，其實是握在自己手裡的。拿回對於自身健康的主控權，這一週，我們來學「倒三角呼吸法」。

你別小看這一吸一憋一呼，一個好的呼吸法，它對再生、免疫、排毒這金三角，都很有貢獻。在再生方面，我們需要好的呼吸法來改善血液循環和氧氣供應，在免疫部分，呼吸系統是人體相當重要的免疫防線，好好呼吸，大量吸入清氣排除濁氣，等於是助體內的免疫戰將一臂之力。人若長期承受高壓又無法緩解，很可能會削弱免疫系統功能，這時候，透過靜坐冥想和呼吸練習，對於恢復免疫機能效果十分顯著。最後來看排毒，排毒當然也和呼吸關係密切，最主要也跟促進循環和血氧供應有關。呼吸得法，可說是一舉三得，像這樣的好事情，不教你不行。馬上就來試看看吧！

◎倒三角呼吸法

步驟一：以舒服的姿勢坐著，雙盤單盤皆可，站著也行。最主要頸椎胸椎腰椎，脊柱要有意識挺直，肩膀自然垂墜放鬆。身體不可歪斜、凸肚或駝背。（圖1）

步驟二：雙眼輕輕闔上，舌頂上顎利於生津，可避免口乾舌燥干擾練習。

圖1

步驟三：觀想眼前有一個倒立的三角形。（圖2）

步驟四：吸氣四秒、憋氣四秒、吐氣四秒。鼻吸鼻吐，採腹式呼吸，吸氣時肚子向外鼓出，吐氣時肚子內縮。

重複上述步驟至少做七個循環。若時間充裕，以二十一次為佳。不分晨昏，日日皆可練習。除了促進再生、免疫、排毒之外，倒三角呼吸法對於紓解壓力、放鬆心情、改善睡眠、調節自律神經，以及緩解焦慮緊張恐慌，也都很有幫助。

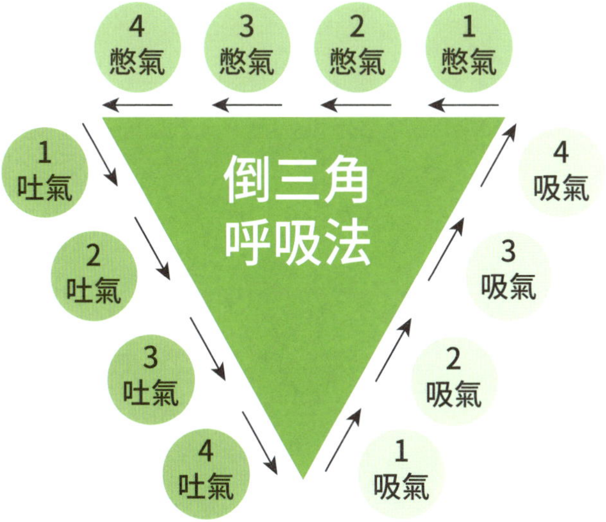

圖2

收看教學影片請上 YouTube 搜尋「洛桑保健室 Breathing Yoga 呼吸法」

或掃描 QR Code：

減壓處方箋35 請交感神經稍微控制一下，常常這樣放鬆

壓力大的人，交感神經通常都非常亢奮。持續性的壓力，不斷刺激交感神經系統，就好像有一個不存在的按鈕一樣，你一直按、一直叫壓力荷爾蒙分泌這樣，身體很快就吃不消。抑制亢奮、控制交感神經的方法，現在通通告訴你，請隨興趣和興致，靈活輪流使用。

透過各種呼吸法來調節自律神經，是東西方學界公認最快最有效的。再

來，靜坐冥想，觀想一些美好的情境，或是升起感恩的念頭，謝天謝地可以，謝恩人、謝貴人、謝仇敵，都很好。而平常工作就要在辦公室裡頭坐很久的人，放鬆的方法你就先別繼續坐，改出去外頭走走、伸展一下。或是幫自己穴位按摩、去給人洗頭、做身體芳香理療或水療，看你有多少時間就做什麼項目。此外，適度的有氧運動，如慢跑、游泳、瑜伽、跳舞、飛輪等，雖然是動態的，但卻對放鬆身心有奇效。需注意，一定要動出樂趣來，硬逼自己去做的，反而又造成額外的壓力。尤其是那種「週末運動員（週末戰士）」，週間都不動，週末拚命動，出意外的風險會比較高。做任何運動，一定要關照身體反應，量力而為、循序漸進，不管幾歲都不該逞強。畢竟，我們想要的是健康，而不是受傷。

36 縮小我執我慢我傲嬌，明前程之智由內而生

擲筊求籤、卜卦算命、看日月星辰、翻卡牌指引……我們有很多工具可以「問事」。問事業、問財運、問健康、問感情、問東問西。尤其陷入低潮、遭遇人生瓶頸，特別徬徨無助又格外不安的時候，人往往特別愛算、特別愛問。我發現一帆風順、覺得幸運又感恩的人，好像就不會問得這麼勤快、沒有那麼多問題。

我覺得是這樣啦，問天，最準的是氣象；問地，最準的是水文地理。如果你問的是關於自己的事，那問天地沒有用，最瞭解自己的，還是只有自己，所以，幹嘛不問心？向內尋求解答，一定是最準的！其實不知道你有沒有發現，不管採取哪一種算命方式、選用哪一種工具，很多都是從旁協助我們去明白自心自性。你明白了嗎？

如果我現在品嘗到某一種果實，那肯定是我之前種下的。真理不向天邊尋，我接下來會吃到芭樂還是香蕉，回想一下自己之前怎麼種的，不就都知道了。沒有一種果報、業報，是憑空出現的。在印度和西藏，「業」我們稱它為Karma，行為的意思。簡單來說，一切行為都會產生相對應的結果。種芭樂得芭樂、種香蕉得香蕉，香蕉芭樂不會突然變成奇異果，大家不用擔心。

許自己一個前程似錦、健康到老

如果想要健康到老，那最好就從現在開始，替自己做一些能增加健康積分的好事情，比方說避免久坐。念珠都不用拿出來，我直接就可以「鐵口直斷」告訴你，坐辦公桌若每六十分鐘起身活動兩分鐘，可降低百分之三十三的死亡風險。或是你每週（不是每天喔，別緊張）進行累積一百五十分鐘到三百分鐘的中等強度運動，也能抵消久坐對健康造成的不利影響。我有一個讀者他聽我話，很認真，只要有運動，他就記在月曆上，越記越熱衷出門，越記越有成就感，本來預計一週運動三天，後來平均居然每週都有五天。實在厲害！

如果想要的是前途一片光明，那內建在你本心裡的宇宙超強智慧導航，也要開始多多使用。問解方、問途徑、問如何行動，有了本源智慧幫你，連AI大軍你都不用怕，人工智慧算力再強又怎樣，會問問題、會下指令的這種「軟實力」，有意識、能思維的大活人，到底還是強悍一些的。AI時代來臨，很多人不知所措，我都說，不用怕，縱使AI無所不知，什麼知識都有，但我們活人有更厲害的：智慧。親自實踐、研究、改良，去證明善知識可行，化為自己身上的智慧，萬年隨身，AI完全做不到這點！

問題沒有在別人身上，真的啦

有時明明希望前程似錦，卻不小心變成前程四緊：手頭緊、眉頭緊、褲頭緊、時間緊。怎麼會這樣？都是別人害的啦！交到損友晚上找你去吃宵夜，肚子越來越肥所以才褲頭緊。自己吃進嘴裡的，怪不了誰，怪老闆麻辣燙煮得太好吃，那更是沒有天理。

累積福澤值其中有一個方法是「守戒自律」。憑藉有意識的行為，你可以更好去管理自己的「業」。預防沒有調伏的一顆心一張嘴，貪嗔日益增盛，導致日後煩惱越來越強烈。從戒掉宵夜開始，進化到晚餐提早吃，再進步成一天只需要吃兩餐，自然而然天天間歇性斷食，讓細胞有餘裕以更好的方式再生。這就是你為自己求來的善果。

智慧有餘清淨不足，先拿掉私我

自己應該最瞭解自己的，要知道明天，卻得問別人。其實不是別人特別厲害、特別靈驗，而是旁觀者清。你自己去看身邊某一位朋友的因果，那軌跡不也是一清二楚嗎？其實你也有慧眼、你也很厲害啊！

論智慧，你我都有、都綽綽有餘很夠用。而智慧最清明的狀態，聽好囉，是一個個體對自我及其利益沒有強烈執著的時候，於此同時，煩惱跟痛苦也幾乎沒有。正所謂，「人神好清，而心擾之，人心好靜，而慾牽之。常能遣其慾而心自靜，澄其心而神自清。」心靜神清，少慾多善，當你對造福大家的興趣高於謀求一己之私時，那還需要找高人算前程嗎？不用算！善慧兼具人豪富，不用膝蓋，用手肘想都知道，你將會是一個能在簡單和寧靜中找到內心平靜快樂的好命人。不準來找我。

減壓處方箋36 睡前進行光明觀想，受安全感包覆並全然開放

壓力大的時候，有人會出現感冒反覆、感冒不容易好的狀況。也有人是不喝酒、不吃安眠藥或不吃點鹽酥雞，就睡不著。且慢，睡前三小時別吃啦！小心，輕則消化不良，嚴重一點胃酸逆流、干擾睡眠，叫你睡到一半醒過來，還特別容易胖！睡前你可以替自己做的一件好事，不是罵小孩、檢查他功課寫了沒，而是進行「光明觀想」。

待你洗香香之後，請換上天然材質的睡衣，用最舒服的姿勢躺在床上，將全身重量全部交給地球、大地之母蓋亞，所有肌肉都不必出力，宛如進入無重力狀態。觀想來自虛空中的美麗光芒沐浴全身，為你帶來全然的開放與放鬆體驗。

你可以自由選擇光的顏色。它可以是單一顏色，如白光、金光、紫光，也

可以是複合顏色，如虹、霓、極光。想像光明逐漸填滿自己，帶來幸福、寧靜與健康，並在身外形成一個保護性的光罩，讓你感到非常溫暖、安全而且舒服。接下來，光明超越身體，向外無限延伸，使整個世界轉化為純靜平和的光明。此時此刻，你回歸一、與產生萬物萬象的源頭合一、無二無別。你全然放下、全然開放，在體驗到小我消融、天人合一的美妙境界之際，甜甜地進入夢鄉、深深地睡著。

37

氣血循環好疾病不來找，藏傳太極平衡五元素

「人身小宇宙，宇宙大人身。」在東方醫學體系，包含西藏醫藥學與印度阿育吠陀的脈絡中，天地人、自然界的萬物，皆由地水火風空五元素所組成。當五元素和諧相生，相輔相成，在自然界那就是風調雨順，體現在人身上，即為生命能量平衡、免疫系統平衡，自律神經也平衡的健康狀態，這是最棒的、最有益於健康的維持。

促進大循環重啟自癒力，動態放鬆

當我們身體失調、微恙欠安之際，藉由親近美好的大自然、接應宇宙天地間的正能

量，或稱為「正氣」、「清氣」，往往能很快地啟動自癒力，替自己修補損傷、納清排濁。「親近美好的大自然，對疾病痊癒有相當正向積極的幫助」，這一點，長久以來主流西方醫學也抱持著相同看法。

將自然界的真善美作為自己身心的校正基準，這是一招。但現在大自然失調的狀態也很嚴重，到處都有水患、野火、下冰雹，就連在寶島台灣，甚至是高緯度的俄羅斯，夏天也比往常熱上許多。所幸，雪山上的養生高人，為我們留下一套藏傳太極，透過這套功法，不管外頭天氣再惡劣，我們都可以自己在家練。經常操練，一樣能幫自己很好地去平衡體內地水火風空五元素的失衡，同時間，這套功法對於強化整體代謝循環機能，也相當有益。

談到促進循環，我在我的 YouTube 個人頻道中有教過「大手印左右氣脈打通法」，透過呼吸來練習，這屬於靜功；而現在示範的「藏傳太極」，則透過一系列簡單的舒緩動作，來達到改善循環和動態放鬆的目的，屬於動功。兩樣你都能交替著做。

老少咸宜無需購買器材，徒手練習

氣血循環好，病氣不來找，身心皆放鬆，連帶晚上都能睡得比較熟。這套「藏傳太極」早晚皆宜，長時間工作身心感到很疲倦的時候，或者你剛做完激烈運動準備舒緩（Cool Down）的時候，都可以練。老少咸宜適合全年齡層，沒有特殊條件限制，也不需要購買任何器材。

動作越慢越好，雙腳張開時要站穩，張開幅度比肩膀略寬一些。演練全程膝蓋保持微彎，不要去鎖死它，大腿肌群可能會感到有點痠，這是正常的，順帶可以鍛煉到下盤。一邊做你還可以一邊去感受一下「氣」在體內外流通的感覺。請依照自己的柔軟度拉伸，量力而為，無須刻意勉強非做到哪個角度不可。經常練習，緊繃僵硬的肩頸與腰背肌肉都將逐漸恢復彈性與柔韌度，而因長時間坐辦公桌，痠痛不適的感覺也能得到緩解。

◎藏傳太極練習

第一式：平掌擺臂。雙臂打開平舉，屈肘手心朝上，上提至嘴部，手心翻轉朝下下放至肚臍位置。如此重複七次，期間自然呼吸。（圖3～5）

圖3

圖4

圖5

第二式：前後划掌。雙臂前伸雙掌相對，上舉至與肩齊平。接著手掌向前，雙臂往後滑至超越軀幹。同樣重複七次。（圖6～8）

圖6

圖7

圖8

第三式：平掌側轉。雙臂平肩手掌朝地，各向左後側與右後側旋轉軀幹，視線隨手臂移動。僅旋轉軀幹，腳掌繼續踩穩不移動。重複七次。（圖9～11）

圖 9

圖 10

圖 11

第四式：托掌旋肩。左手背貼背，揹在背後，右掌朝天宛如托球，由後往前旋腕，視線隨掌。放下右手換左手托掌，重複同樣動作。左右手托掌為一組，整組動作重複七次。（圖12～14）

圖 12

圖 13

圖 14

收看教學影片請上 YouTube 搜尋「洛桑健身房 藏傳太極」

或掃描 QR Code：

減壓處方箋37 善護念，以慈悲感恩善良來護住自己的一顆心

去朋友家作客，他正在唱卡拉OK，老歌很好聽，抒情很可以，但如果是要舒心，這個歌詞就不怎麼OK。朋友是這樣唱的，「最愛你的人是我，你怎麼捨得我難過（感覺會越唱越難過）」、「對你付出了這麼多你卻沒有感動過（好像在責怪對方一樣）」。講男女之間的情事，但我怎麼有既視感（Deja Vu）、有種似曾相識的感覺？好像現在也有很多長輩對下一代，也是這樣情緒勒索的。

說穿了，其實眞正的善良，不是說我今天對你好，是因為有所求，希望你也對我好。這種帶有條件的「善良」，日後常常是要吃大虧的。因為你極有可能「所願不遂」，你的期盼沒有得到你想要的回應。所以，都是對方不知好歹？不知珍惜？不知感恩？所以，自己要難過、要覺得委屈、要覺得被背叛？不用這樣悲情喔！又不是在拍MV。

想要不傷心，最好的辦法不是去期待他人都不會變，這是不可能的！正確的作法是「善護念」，以慈悲、感恩和善良來護住自己的一顆心，和每一個念頭。自己的命運、自己的心情，全掌握在自己手裡，將指望寄託在他人身上，就像叫小狗去送快遞，能不能成功全憑運氣。

38

排除負能量，淨化身口意的感恩瑜伽做起來

各式各樣的瑜伽，包含印度的、西藏的、西方的，都是透過強化對身體的覺察，達到靜心淨心，和身心靈合一的目的。做好壓力管理，除了從心靈層面著手，透過一些簡單的瑜伽動作，同樣能調伏自心、恢復平衡。尤其現在很多人有自律神經失調、晚上睡不好睡不深的問題，從源頭去釋放壓力，對於降低焦慮感、舒緩緊繃疲勞的效果，相當顯著。

瑜伽不光只是一種伸展運動，它更強調的是身心靈合一，藉由調整身體姿勢、呼吸和內心狀態，達到整體的平衡，身心均安。如此一來，我們能更好、更從容、更明智地去應對林林總總，來自家庭、來自職場，和許許多多不知道從哪裡冒出來的壓力。

◎感恩瑜伽練習

步驟一：先採站姿，雙腳張開約與肩同寬。大拇指彎起收於掌內，雙手合十。（圖15）

步驟二：依序將合十的雙手置於額前、口前、胸前。（圖16）

步驟三：雙臂往前伸直，再收回胸口。（圖17～18）

步驟四：雙臂往上伸直，再置於頭部後面，接續回復朝天伸直之姿。（圖19～20）

步驟五：接著採取蹲姿，手部動作重複步驟一到四。（圖21）

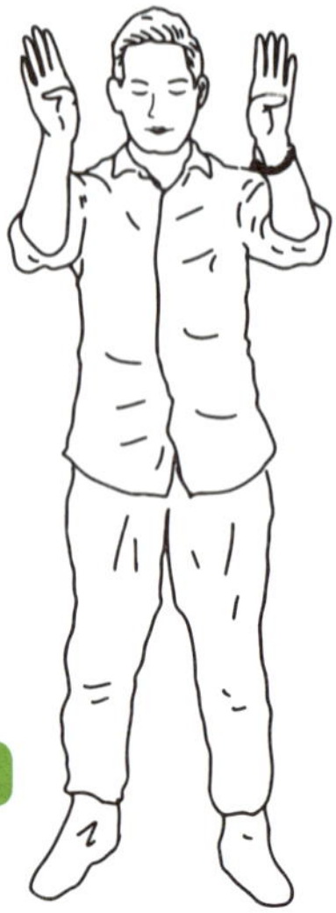

圖 15

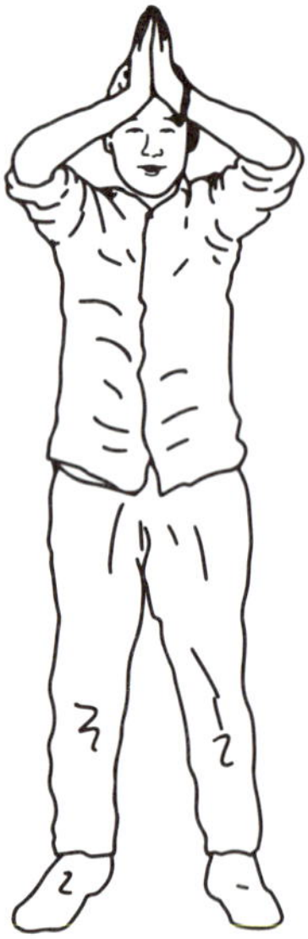

圖 16

圖 17

圖 18

圖 19

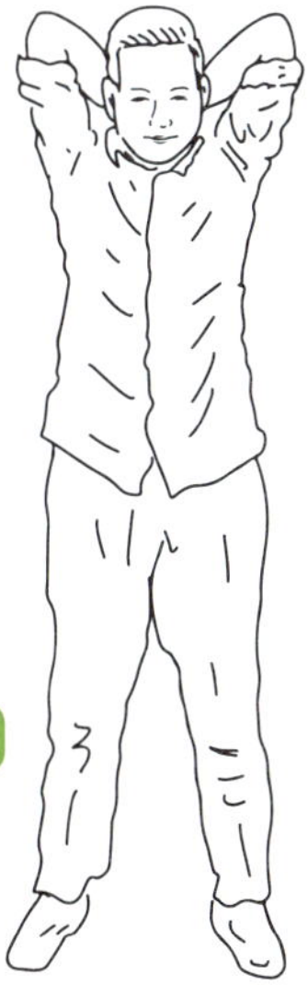

圖 20

圖 21

收看教學影片請上 YouTube 搜尋「洛桑健身房　感恩瑜伽」

或掃描 QR Code：

站著做＋蹲著做，為一組動作。體力好的人可以直接二十一組做好做滿。不熟練的人不妨先做七組，之後循序漸進再慢慢往上加。在我的著作和影片中我常常在講，想讓智慧跳級般增長，方法是：感恩＋懺悔。而這組瑜伽是感恩＋懺悔的動態版。

做的時候，可以一邊想著兩件事：第一，要感謝的人事物；第二，清淨自己的身口意，這就是懺悔的部分。感恩讓人心靜愉悅，懺悔令人心淨除穢，前者提升正能量，後者消除負能量。天天都這樣做，身心靈都會很健康。沒有隔夜的怨氣和隔夜的負擔。生活壓力、工作壓力再大都不怕，學會靜心淨心、學會感恩＋懺悔，身上的細胞將會用更好的方式代謝、再生，讓人宛如獲得一次次淨化與重生。

身口意皆正，強化生命能量

我常常在說要抱持正念、說正語、從事正業，秉持正見正思維正精進，來替自己止惡修善，累積福澤值、強化生命能量。而這個「正」，體現在人體上，我認為最重要的就是你的脊柱要正。脊椎一椎一椎正確對齊的最大好處是，改善神經系統功能，減少壓迫和刺激，令所有神經系統訊息傳遞順暢，有助於身體各系統的良好運作。

同時間，肺部能完全舒展開來，我們說打開心胸、打開心胸，如果一個人整天彎腰駝背打電腦、滑手機，影響到肺部進氣量、影響到體內濁氣代謝，不但容易腰痠背痛、疲勞感特別重，在心情上，也很容易出現倦怠無力感。你想啊，長時間呼吸短淺，大腦氧氣短缺，頭腦自然昏昏沉沉，思路不清晰。這時候一個突發事件發生，或一堆工作突然交辦下來，那肯定會焦慮萬分心情很差。

斷惡防福氣洩漏，修善增加福澤

補充說明身口意的淨化要點，有十惡十善之分。惡的部分像是殺生、偷盜、邪淫、說謊、挑撥離間、罵人、花言巧語、貪心、生氣、是非顛倒，這些是要儘量排除的。善的部分包含升起無害心、對人慷慨、沒有不正當的性關係、說話誠實、說出的話語能化解紛爭促進和平、說柔軟語、不說無意義或輕浮的話、知足常樂、心平氣和、擁有正知正見，這些是可以認真做的。

其實十全惡人跟十全好人都非常非常少，大多數人都在這中間徘徊。老實說，「十善」我自己也沒有做得很完美，但每天練習、精進，心裡想著要做要做這樣，我跟煩惱和痛苦的緣分都越來越淺，而跟快樂、健康的緣分則越來越深，這是我的體悟和收穫。希望你也能跟我一樣，越活越快樂，越老越健康。

減壓處方箋38　學會這樣「躺平」，生活、心情、身體都不累

躺平躺得好，人生沒煩惱。有時間去外頭給人按摩，那是很好，但不用天天。現在教的這個「漸進式肌肉放鬆」，從頭頂到腳底舒緩全身肌肉，倒是很適合天天做，而且你自己就可以做，早晚皆宜。找一個舒服的地方躺好，床上

可以，躺瑜伽墊也行，戶外的蔥蔥青草地、細白沙灘更理想！

先做幾個深呼吸，深層緩慢的深呼吸。輕輕闔上雙眼，並且全身放鬆。想像有一道白色的光，包裹著全身，令你感到非常安全、溫暖而且舒服。首先頭皮放鬆↓額頭放鬆↓眉毛放鬆↓眼皮放鬆↓臉頰放鬆↓牙齒放鬆。接下來脖子放鬆↓肩膀放鬆↓後面的肩胛放鬆↓手臂放鬆↓手肘放鬆↓手指也放鬆。感受全身上下每一條大肌肉小肌肉，隨著呼吸，都越來越鬆。繼續，胸口放鬆↓肚皮放鬆↓臀部放鬆↓大腿放鬆↓膝蓋放鬆↓小腿放鬆↓腳踝放鬆↓腳趾也放鬆。你感覺非常平靜、祥和而且輕鬆。白色的光持續包覆著你、保護著你。你感到非常安全、溫暖而且舒服。

大原則由上而下，從頭到手、由胸至腳依次鬆開，部位無須執著，也不必死記，少一個多兩個皆無妨。理組的同學、有學過解剖學的，自己再加入一些更細的部位，也是可以。心之所至，無處不鬆。早晚都能練習。

39 活在今天不要活在昨天，舒心四訣竅交給你

旅行飛往比較遠的國家，跨越好幾個時區之後，就有了時差（Jet Lag）。生理節奏的短暫失調，容易使人感到疲倦煩躁不開心。旅遊老手讓自己沐浴陽光、脫去鞋襪接地氣，很快都能緩過來。

生理時差好調，我們有大自然日月星辰可供校對，然而心理上的「時差」可就難辨。活在昨天前天某個痛苦的情境裡，活在對未來、十年後、二十年後的某個擔憂中，那是很苦的！何止疲倦煩躁不開心，連本來該辦好的正事，可能都沒心情去處理。這也是為什麼許多心靈能量強大的過來人，會一再提醒我們「活在當下」的緣故。先把心定錨在「當下」這個時區，預防心理節律紊亂，我們的清明智慧比較不會被憤怒、焦慮、嫉妒、不甘

願不滿意不屑不爽給遮蔽。不是說完全不受情緒左右，不被左右的那位，已經在天上了。而是不會被牽引得太離譜的意思。

壓力山大的那座山，自己想出來的！

你想想看，累積兩天、一個月、十年的怒氣怨氣有多大？比須彌山還大。這麼大一座山壓在胸口上，肯定很悶很不好受。但如果只是三分鐘、五分鐘的不爽，相較之下，它們宛如沙子一般，你一鬆手，便從指縫間滑落。雖然也是生氣、也是不爽，但對身心造成的傷害，可說是微乎其微，幾乎沒有。定錨在當下的高手，並非沒有七情六慾不會哭也不會笑，只是比你我更常定錨在「現在（Present）」這個時區，任運自在。他們讓「現在」變成了「禮物」。禮物是西方說辭，我覺得其實更像是豪華大禮包。裡頭最少有一張「免死金牌」，讓你快速通關，直接略過諸多無奈，和根本就不需要操心的糟心事。

我有很多朋友都有生小孩，為人父母大不易，替孩子擔心可以擔心到十年、二十年甚至三十年之後的事情去。稍微計畫一下未來沒事，但記得心一定要回來。沒回來會怎樣？又操又煩，簡稱操煩，這是強求執著於某種特定結果的結果。

預防不自覺受外力牽引，失了內在的祥和與寧靜，舒心四要學起來，恢復覺性清淨自己來：

◎不愛面子愛裡子的人，有大智慧

看起來像名流、看上去有錢，這是Skin-Deep，皮膚大約零點三、四公釐厚。為了這不到一公分的東西，人究竟花了多少力氣，才讓自己看起來光鮮亮麗？不是說好衣服都不能穿，只能穿破衣服、只能穿百衲衣，並非如此。我想強調的重點是：努力在皮相，不如盡力窮究實相。遠離是非顛倒和毫無意義的較勁，不但心裡清淨，還會多出很多時間，去幫自己和他人，做一些真正有意義的事情、美好的事情。

◎你我都沒錯，因為真相不只一個

每次看到有人為了一件事爭得面紅耳赤，我都覺得，哇！活得好認真喔、好有活力喔。但是，也有點可惜，因為一個在說東、一個在講西，根本沒在同一個頻道上，講到全身是嘴也無法互相理解。我們身處的世界充滿各種可能性，是很豐滿、很立體的耶！你有沒有想過，可能標準答案不只一個？小學生才做單一選擇題，博士生都回答申論題啊！誤以為單一原因造成單一結果的人，毫無例外都會很煩惱、很懊惱、有著重重的無力感。有問題必有解答，打開心胸，各種解答、解方自然會源源不絕自你心泉湧現。

◎回望腳下，你已經站在鑽石山上

西藏有句諺語，「縱使天降七寶雨，還是有人不滿足。」抱怨時，人心計算著得失，感恩時，人才真正享受豐足。已經站在鑽石山上的你，回望腳下、看看手邊，把自己享受過、體驗過、受到眷顧的時刻，列成一張清單，恐怕三天三夜都寫不完。列不了三條的人，靜心淨心之後再好好想想。想不出來的可以來找我！

◎妄想斷捨離，享受心流享受專注

匈牙利心理學家契克米哈里曾提出「心流」概念。不管是認真寫作、開心編織、畫畫、算數學、練字、研究某一種學問，只要能讓你專心致志，忘記時間流逝的，都可以幫你成功進入心流狀態。在淺薄化、極短化的數位時代，全然投入的感覺，特別舒服、特別療癒，請務必親自嘗試看看。願你順利定錨在每個當下，妄念不生、心燈不滅，享受專屬於你的禪悅時刻。

減壓處方箋39 準備一本感恩筆記本，記下蒙福時刻的感動

放眼全球，各大宗教都鼓勵人們感恩。基督徒將感恩視為對上帝恩典的回應，他們感恩上帝、感恩賜福，也經常感恩身邊的人。在伊斯蘭國度，感恩被視為能獲得更多祝福的金鑰。穆斯林相信，感恩的態度將為生命帶來真正的幸福與滿足。

感恩對於我而言，是能量相當高的一種心靈狀態。在藏傳佛教脈絡中，感恩的練習，不光是對「美好」人事物的感激，還包含對「不好」人事物，和種種困難的感謝。因為我們相信在困境中修行鍛煉，收穫最是可觀。感恩的練習，同時也是智慧大開的基石，屬於一種不可或缺的修行前行，預備動作的概念。

即便你什麼宗教都不曾接觸，那也沒關係。實際把感謝感動的時刻寫下

來，除了當下心情會很好之外，日後在你覺得委屈、想要大殺四方之際，翻一下你的筆記本，沒有什麼比這個更消火。你會回想起，有人愛你，世界愛你、宇宙愛你，你又怎麼能不愛惜你自己呢？是萬萬不能啊！

40

怒吃誰不胖？五大紓壓好食，還你好心情

心情不美好，至少肚子要吃飽。很多人在度過高壓的一天後，喜歡揪同事大吃特吃。炸雞配可樂、串燒配啤酒，最撫慰人心。也有人在身體疲倦，心還特別累的時候，會不自覺抓零食配電視，看球賽或追劇，心不在食物上，不小心吃進超過身體能負荷的量，自己都不知道。這些，都屬於情緒性飲食。如果情緒老是這麼滿，負面情緒又老跟美食連結，體重呈現戲劇化增長，也在意料之中。

用吃來紓壓，不是不可以，只看吃對沒有。大原則，儘量選當令、在地、天然少加工的原型食物，看得到食材原本形狀的蔬果尤佳。牛豬雞魚蝦在飼養過程中，可能使用抗生素或其他藥物來促進生長和防治疾病。然而，這些用藥可能對我們的健康帶來負面影響。

安全安心起見，紓壓好食我挑了五樣植物性食材，來看看有沒有你愛吃的：

◎牛蒡，清理腸道還你好心情

近年腦腸軸（Gut-Brain Axis）研究陸續有許多成果發表。其中一個重點便是腸道菌群對情緒和心理健康的影響。簡單來說，就是好菌多，心情也會好得多。所以我經常鼓勵我的病人喝酵素、吃益生菌，除了改善焦慮、憂鬱症狀外，助眠效果也不錯。

想讓好東西進來，壞東西得先掃出去。心靈要淨化，肚子也一樣需要。我推薦富含膳食纖維、調整腸道環境功夫一級棒的牛蒡。無論燉煮還是快炒，削皮時不妨懶散一些，隨便削削就好。牛蒡外皮其實超營養，其中的營養成分可幫助抑制身體氧化，通通去掉太可惜。

◎芝麻，貴族級食材高貴不貴

自古以來在西藏，芝麻都是貴族級的養生補品，藏醫典籍中記載「芝麻性重而溫，能增陽氣驅隆邪」，意思是增強生命力，驅除與循環和營養輸送有關的疾病。從西醫角度來看，堅果種子類食材本來就超級營養，我自己也經常吃。當你需要營養卻胃口不佳時，芝麻、核桃、杏仁、腰果……天天都可以吃一些。

小小一粒芝麻，裡頭含有多種能提振心情的成分，比方說色胺酸，幫你合成血清素的一種必需胺基酸。血清素分泌充足時，你將感到放鬆愉悅又舒坦，特別淡定、抗壓力特別強。其他還有幫助睡眠的礦物質鎂、讓神經系統不隨便發神經的維生素B群，也都能從芝麻中攝取。

◎茄子，炎夏飽足解熱抗氧化

滿足口腹之欲不怕胖，挑水分多醣分少的就對了！像小黃瓜、茄子這種就是。夏日炎炎，暑熱難耐之際，別說出門工作，光是被太陽晒到狂流汗，人就已經很累。這時候消除夏日倦怠的茄子料理，你就可以弄來吃。一條茄子九成水分，吃進肚裡頗有飽足感還低熱量，一般人都能放心吃。地球暖化全球高溫，現在到了秋季往往還是偏熱，像茄子這樣的絕妙好食材，不只夏天吃，到秋天你還是可以繼續吃。

而有減重需求的人，烹調時掛醬宜輕簡。無論做魚香、三杯、麻醬涼拌、紅燒或糖醋，醬汁、湯汁不要吃太多。茄子本身熱量不高，但調味料可就不好說。茄子和牛蒡一樣，皮都很營養。吃茄子皮你會吃到一種叫做「茄黃酮苷」的營養成分，對抗癌抗氧化非常好，清血管、消除眼睛疲勞，也都有它一份功勞。

◎大蒜，抗發炎緩解壓力焦慮

我常吃大蒜來預防感冒，在發現即將要感冒的微徵兆出現時，我都會趕緊嚼兩粒。疲勞的時候，也會吃。大蒜具有抗炎特性，能夠減輕身體的慢性發炎，而慢性發炎又與心情不美麗脫不了關係。無論你是要常保青春還是常保愉悅，大蒜都能幫你。因為它含有多種抗氧化物質，比方說大蒜素、維生素C和礦物質硒等，有助於清除體內自由基、減輕氧化壓力，紓緩壓力和焦慮。

◎香蕉，製造快樂荷爾蒙的前驅物

我一個做人資主管的朋友說，「若老闆只給香蕉的話，那只能請來猴子。」我說，哎，就算是猴子，那也是隻快樂的猴子。快樂的猴子，喔不，是快樂的人，抗壓性通常都比較高、身體也比較強健，對這方面感興趣的人，可以去找《快樂醫學》來看。

台灣盛產的香蕉好吃又便宜，我超愛，它是我用來補充色胺酸助眠和維持好心情的水果。但我通常還會搭配其他色胺酸含量更高的一起吃，像優格、起司，或豆腐、豆乾、豆漿等黃豆製品。光看營養占比，香蕉的色胺酸不算最高，但因為它還有幫助安撫情緒和穩定神經系統的礦物質鉀鎂銅錳，以及B群等諸多營養素，且一年四季都吃得到，我還是大推。順帶一提，正按計畫減重的人宜選表皮青一點、不那麼熟的香蕉，可增加飽腹感並幫助排便代謝。

減壓處方箋40　靜心飲食，傳達土地生養萬物的善意，到每個細胞

東方醫學「藥補不如食補」、「藥食同源」的概念源遠流長。西方醫學之父希波克拉底也說過：「食物是最好的藥。」不過，胡亂吃一通、情緒性進食，別說什麼療癒效果了，沒變胖算不錯。

讓食物成為你最好的「補藥」，最好呢，是能用「靜心飲食」的方式來吃。要訣如下。第一，提升食物能量，懷抱感恩的心享用美食。第二，先聞再

吃，消化更好。第三，慢慢吃，去感受從飢餓到滿足的生理變化。第四，偶爾練習獨食，食不語、不玩手機、不看電視，專心吃飯。第五，不要嫉「餓」如仇，明白適當的飢餓感屬於正常的生理反應，感謝自己還能知道餓，萬一沒有飢餓感，那就麻煩了。第六，斷食高手，每天可以少吃一餐，我自己是少吃晚餐。無法斷食的人，請至少睡前三小時不要吃宵夜。第七，年齡越大，嚼越多下。咀嚼動作能刺激大腦皮質、增加血流量，有助於維持大腦健康，對失智症是很好的預防。

41 食有時序歲月凝香，減壓季節美食輕鬆吃

脾氣差、容易生氣動不動牙起來，不一定是天生個性差、抗壓性不足，問題很有可能是出在營養上面！所幸，我們住在物產豐饒的蓬萊仙島上，透過優化飲食來潤澤身心靈，一點都不難做到。時序輪轉，春夏秋冬吃什麼好？又該怎麼吃最有效益？快來看看：

◎血液補鐵，深綠蔬菜配維生素C

多巴胺和血清素這兩種傳遞幸福感的荷爾蒙，它們的原料之一即為血液裡的鐵質。多巴胺充足時人會充滿幹勁，缺少時，會容易出現注意力渙散的問題。血清素則跟褪黑激素協力照顧你的睡眠和清醒時光，血清素水平低，人會較平時更容易心生不滿，感到焦慮或

者是憂鬱。

鐵質充足，人的氣色會紅潤，免疫防護也會比較健全，而我都靠深綠色蔬菜來補充它。說實話，深綠色蔬菜的鐵含量，不如葷食高，建議茹素的朋友跟我一樣，另外搭配維生素C含量高的蔬果一同食用，發揮一加一大於二的協同作用，強化鐵質吸收。

春天吃綠色蔬菜，對疏肝解鬱、護眼強筋是極好的。台灣是寶島，許多深綠色蔬菜的產期都非常長，你春天可以吃，夏天還可以繼續吃，其中鐵質含量豐富的有莧菜、空心菜、地瓜葉、小松菜，綠中帶紅的紅鳳菜，以及野菜龍葵，都是好選擇。

◎鼻子先吃，紅色食材先聞再享用

靜心飲食，吃東西的時候就專心吃東西，不做其他事，最利於吸收消化。先感謝食物、感謝準備的人，接著好好嗅聞食材或佳餚的香味，產生愉悅的感覺，藉此觸發下視丘中的自律神經調節，是全面關照身心靈的良方。

不像其他感官，蒐集訊息傳到大腦的過程曲折輾轉，嗅覺擁有「快速通關」，能直通大腦。我們不妨好好利用這一項特點。往後，美食上桌別囫圇吞，感謝食物後，再聞一聞，一片西瓜它就不只是一片西瓜，而是能促進腦神經元再生，並幫你調好自律神經的神奇西瓜。

夏天還是養心的好時節，除了少生氣避免增加心血管負擔外，紅色蔬果吃起來，護心還幫身體補充水分。舉凡西瓜、番茄、櫻桃、紅甜椒、紅蘿蔔，這些紅色食材不僅色彩豔麗，而且富含抗氧化物、維生素和礦物質，能幫助降低心臟病風險，改善血壓，為身體提供完整營養。

◎養肺吃梨，新冠流感後好好補補

關於養肺，你可以練習我前面教的倒三角呼吸法，日常生活中，有意識提醒自己隨時保持良好的體態，儘量維持脊柱挺直、避免駝背歪斜影響到進氣與排氣量。好好學習紓壓，用正念正思維去降低悲傷和憂鬱情緒對肺系統的干擾。放假時到高山上呼吸新鮮空氣，平常養成游泳、健走的好習慣，都能強化肺功能。

我們歷經新冠疫情、流感肆虐，病好了，身體還是要記得養回來。尤其是期間特別辛苦的肺，更要好好照顧它。金風颯爽的秋季，是重要的養肺季，白色的水梨、銀耳、百合、杏仁、山藥、荸薺，都可以加減吃一些。我說加減吃的意思是，少量吃、輪流吃。否則，任何東西再營養、再高貴頂級，吃超過身體需要的量，反而成為難以代謝之毒。懷抱

「剛剛好」的養生哲學，讓我們活得又久又勇。

◎食黑入腎，補元氣預防退化疾病

春天吃綠色、夏天吃紅色、秋季白色，冬天呢，益腎的黑色食材別忘了吃，這是來自東方醫學的溫馨小提醒。從現代西方營養學切入，深色食材多半花青素含量高，維生素與微量元素也都很豐富。相較於淡色食材，這些深色的「超級食物」更能全面提升身體的抗氧化能力。

我自己很愛的有黑豆和黑芝麻。黑豆素有「腎之穀」美譽，補腎益精氣，而黑芝麻是西藏醫書中的頂級滋養食材。其他還有黑木耳、黑米、紫米、黑棗、海帶海苔、香菇、黑莓、黑橄欖，以及營養又美味的發酵黑蒜，全都是能陪我們健康到老的活力養生寶。

減壓處方箋41　刻意忘記「要罵人」這件事，節省大腦容量

肚子吃太飽，影響消化和細胞自噬功能，對代謝跟再生都不是好事。而腦

袋塞太滿，什麼腦霧、腦過勞、專注力下降的問題，都可能浮現。因用腦過度而導致自律神經失調的案例，每個國家都有。

從生物進化的角度來看，我們臉上長嘴，是用來吃好東西的，而不是拿來罵人的。弄錯了用途，那就太可惜啦！怎樣才能不罵人？改說柔軟語是一招。又或者，直接把罵人這個功能給取消就好。忘記要罵人，是不是就有更多容量能夠存取幸福的記憶？我想是的。如果你所念所想，盡是吉祥如意的念想，那麼，有創意的好點子、充滿幽默感的人生觀點，是不是都更容易浮現？我想是的。

今天如果你有一個硬碟，你會往裡面放一些垃圾文件嗎？肯定不會那麼無聊嘛！同樣的概念，我們的腦海、心海裡，垃圾也是越少越好。每次要罵人、惡劣的念頭浮現時，立刻警醒過來，以善護念。不斷不斷這樣去練習、去提醒自己，沒有亂七八糟的心靈垃圾添堵，你的頭腦肯定會越來越好用！

42 身爽快，心安康，在亂世中活出天堂感

究竟是因為身體好，心情才容易放輕鬆？還是因為生活美滿愉快，所以人才越活越健康？身體與心靈的關係，是雙向道，兩個方向都行得通！而且互為因果，還能互相加持增益。舉例來說，你是個愛游泳的勇人，游著游著游出了人生的新高度，身體就會分泌出多種幫助減壓和促進快樂的化學物質，例如你我熟知的多巴胺、腦內啡，以及一個大家比較少提及的：內源性大麻素。

別緊張，此大麻非彼大麻，你不會因為它上新聞，你只會因為它而感到舒服快樂。內源性大麻素（Endogenous Cannabinoids）是人體內自然產生的一種化學物質，它幫忙調理我們的生理機能和免疫反應，平衡食慾與新陳代謝。在調節情緒、改善認知功能與記憶

上，它也很有貢獻。怎樣才能叫自己分泌出內源性大麻素？不用大老遠飛去荷蘭呼麻，機票省起來，直接去你家附近的運動中心游泳就行。不喜歡下水的人，你可以做一些中高強度運動，或者放聲高歌幾曲也都行。不說你可能還不知道，當你遇上壓力事件時，這好東西也會分泌。

所以我才會一再提醒，不要退休、不要叫自己過上零壓力的躺平生活，替自己留點「可承受之重」，走出舒適圈，在日常生活中保留一些不出人命的良性刺激，其實還滿不錯的。除了幫我們預防早衰性退化外，你看，還有這個內源性大麻素會分泌，多好啊！人啊，永遠別低估自己承受壓力和鍛煉的能力。勇於接受挑戰、接受壓力訓練，對身心健康大大有益。再加上適時紓壓、減壓、洩壓，就不怕那最後一根壓倒駱駝的稻草哪天要掉下來。清空負擔、清空推車，哪一根丟來都不怕，再來十綑你都裝得下，都老神在在。倘若現在你覺得可愛無比的人世間，是亂世間，那就快跟我一起來清空心理負擔吧！

◎管太寬累死自己，旁人也不見得比較輕鬆

責任感強、心存善念的人，常常會以天下為己任，希望人人好、都能過上好日子。這樣的心意，完全沒有錯喔！而且還非常高貴。但究竟可以管多寬呢？看你的心靈能量來決

定。心靈能量高、福澤值高，可以照看的範圍大一點，能量低落、運氣差時，還管別人咧，自己能先顧好自己、先保證自己身心均安，就已經阿彌陀佛了！

古人說的「窮則獨善其身、達則兼善天下」，就有這個味道。如果你幫人，幫得自己氣呼呼的，對方似乎也不怎麼受用、不領情，好像在拿自己的熱臉去貼冷屁股的時候，千萬別幫！懷著怒氣去利他，別說什麼利不利，沒害他算不錯。不想煮飯給老公吃，千萬別煮，看人臉臭臭，什麼飯都吃不香。等到你真正開心、真正笑得出來的時候，端一杯水，對方喝起來都是甜的。

◎人人都能有期待，但你只需要回應自己的

人在還沒有「覺」起來的時候，靈性宛如小嬰兒時期，人家給你奶就喝奶、叫你換尿布就換尿布，褲子要穿要脫都不能由自己決定。吃喝拉撒不能自理，只好拜託別人理一理。可如今，我們決定走上覺悟、開悟、頓悟的道路，想要開智慧、希望清朗明智，已經能幫自己決定要穿褲子還裙子的時候，就不好再耍賴皮啦！不能說是因為原生家庭怎樣、同學同事閨密怎樣、老公老婆老闆老師說怎樣，所以自己才變得那樣。如果他人的期待不是你的期待，你且拈花微笑、請他繼續期待。

人人都能有所期待，法律沒有規定誰不能期待，天公伯保障你我皆擁有思考的權利。人人都能有所期待，但你只需回應自己的就好!!倘若天底下八萬四千人，每個人都要丟給你一個期待，光是聽懂人家在期待什麼就飽了，哪還有餘裕處理自己的？

眼睛長在人臉上，要欣賞不欣賞，只能隨他。所幸，歡欣隨我，請讓自己替自己感到驕傲，回應本心最真實的想望，這是很快樂的一件事情耶！願你能順利長成自己喜歡的樣子，身處於世界花園裡，看誰都美麗、看誰都順眼，笑看奼紫嫣紅、各顯神通。

減壓處方箋42 練習搭配呼吸的放手觀想，跟〇〇說掰掰

放手有多難？如果不知道方法，那可是比登天還難。現在我們實際來做一個觀想練習：請先替自己找到一個安靜的地方，確保待會兒觀想時，不會受到打擾，而這個地方要能看得到天空。然後輕輕闔上雙眼，觀想你的每一個妄念、每一個不爽、每一個令你焦慮不安片刻、每一段叫你後悔不已的過往，像

是一顆顆煩惱氣球。你一把抓在手上，深吸一口氣，然後在快速呼出一口氣的同時，放手。好像你把它們都吹走了一樣。讓它們都飛到天上，越飄越遠，最終消失在天際、消失在你的視線當中。

接著張開眼睛，抬頭望一望廣闊無邊的天，其中點綴著幾朵可愛的雲，而所有的煩惱氣球都沒有在天上，它們皆已不復存在。生滅由心，在練習這個觀想的時候，請靜心感受自己內心的變化，從煩惱心轉變成清淨心，心同天地寬、恩怨隨風了。你可以再做幾次緩慢細長勻的深呼吸，並且好好享受這放手後的輕鬆與愜意。

43

捨小私利得大健康，沒空勾心鬥角才有空享福

世界衛生組織（WHO）定義下的健康，不光是身體沒有病痛，而是一種「生理、心理和社會上完全良好的狀態」。除了自己內在身心安好之外，與外界相處也是和諧的。我認為，身心靈合一，天地人合一，與自己相處、與外界相處祥和自由又自在的人，是最幸福的人。

怎樣實現合一？你看印度修行人，和我自己，都很喜歡打一個合十手印（Namaste），無二無別的意思。將分別代表地水火風空的十根手指頭相觸，合掌放在胸口，統合內外、左右腦、陰與陽，連接起宇宙智慧與個人意志、理性與感性，平衡自信與謙卑、調節力量與柔軟。懷抱合一的開闊心意，能很好地幫我們破除狹隘的二元對立。沒

有對立、敵對時，我們不用跟人家打來打去、罵來罵去、防來防去、爭來爭去，後車廂不用準備一支球棒，不但自己肉身相對安全，心靈也能體驗到一種全然開放、舒服、爽朗的感覺。捨棄一個一個小私利，進而體現無私，是最好最方便最實惠的養生法門，我一直都這樣認為。

從東方醫學的角度來看，中醫說情志調和，人的氣血流暢，七情寡淡不過度激昂，能避免情緒對肝心脾肺腎帶來的不良影響。慈悲的藏醫也說，透過利他與無私，來創造一個更和諧的生活環境，對人的生命能量流動，和精神層面的修煉，都有相當正面的影響。

不要自己欺負自己，成為那最苦的人

什麼樣的人最苦？我認為是自私的人最苦。成天怕被占便宜，一有機會就在想怎樣可以占人便宜。「唉呦，他是不是來跟我爭權位的」、「他是不是來跟我搶遺產的」、「一看就沒安好心，肯定是要來騙我的吧！我才沒那麼傻，我一看就知道。」知道才怪！心裡成天被這些奇怪的念頭塞滿，臉面、眼神都會變得怪怪的。而很多好玩、有意思、有意義的事，可能都因此無緣接觸。

心眼「看壞」，揣測外界沒有好意的人，哪還有空「看好」？即便福神、財神爺降臨，站在你面前要發大禮包給你，都可能被看成是牛鬼蛇神。人世間最荒謬的是非顛倒，莫過於此。這一個人生課題，七八成的人都會遇到，要怎麼解？下面告訴你：

◎提高格局，轉化私利為眾人之利

喜歡利益這一點，完全沒有錯。就像我們學習照料生命，也是希望每一個生命都能獲得健康上的利益啊！學習照料自己的心靈，不斷修行學習，也是希望能獲得靈性智慧上的利益。你我想要利益、趨利，這是天性，為求生之必要，本身沒有問題。

真正有問題的是，人為了一己之私，而去傷害到他人的利益，爽都爽自己、痛都痛別人，這樣就很不可取。善巧的破解法很簡單，無須去壓抑自己的趨利天性，只要去放大、放開心胸，從原本只考慮到自己，慢慢多考慮進來一個人、兩個人、三個人、一群人……這樣就沒問題了。

◎提醒自己沒有一個生命喜歡受苦

苦人所苦，是為上人。自己苦，卻也要別人跟自己一樣苦，這是憨人！幹嘛要拖著別人一起下水啦？一起上岸難道不好嗎？要知道，所有生命都跟自己一樣，需要安樂、不喜歡受苦，一旦你開始這樣思考，你會由衷關心他人，一些離散背叛、欺騙詐騙、霸凌欺凌、剝削強奪的事情，都會慢慢離你越來越遠、跟你無緣。我們其實不用等死了以後，看子孫有沒有孝順？會不會找大師來「超度」自己？不用等。我們可以趁現在活著，還有在呼吸、能有所作為的時候，自己「超度」自己。超越私我，將自己度往自在解脫的彼岸。不用靠子孫，自己就能做到！

放捨對私我的過度執著，人心裡面的怨恨、不甘願、小氣和慳吝，都會漸漸消融。一種如鯁在喉、積一口惡氣在胸的被辜負感，也會慢慢褪去。練習無私、打開心胸，朝內外和諧的方向努力，如果你願意這樣做，最爽的人會是誰？別人爽不爽不知道，但自己肯定會很愉快，氣血通暢、衛氣充盈、少災少難、少病少憂……好處一籮筐。

減壓處方箋43　將獨享轉為共用，自己的福氣也願和他人分享

一個小氣的人，是一個痛苦的人。因為他過度看重自己的所有物，在練習

利他的時候還會不小心想到「哎呀，我是不是虧大了？」、「應該不要捐那麼多才對」、「我的東西不想要別人用得那麼爽」。諸如此類的妄念，讓他明明做的是件好事，卻莫名其妙又煩惱了起來。做了壞事而感到後悔、懺悔，是在幫自己減輕惡，做了好事，最好就不要感到後悔或不捨，否則因此削減了善的力量，就非常可惜！

利他的本意在於訓練自己放捨，倘若越去利他越捨不得，那就走歪了、沒練對方向。所以你會聽到或看到一些出家師父常常在說，「希望我所累積的福澤，能去利益到眾生。」而不是說，我希望我所累積的，只有我一個人能享用，別人碰都不能碰。一個懂得共用的人，是一個有福氣的人。他不用擔心自己會蒙受任何損失，他被什麼什麼給束縛的機會，也是很少很少的。不但心很自由自在，也使自己具備了智慧大開的基礎條件。

44 嫌到爆還是賺到飽？入坑還是繞過坑，你自己選擇

想要自己整個生活圈都是舒適圈，大概只有三歲小娃娃能享有如此特權，能成天在鋪滿柔軟地墊的幼幼班裡打滾。踏上奇幻玄妙又刺激的生命旅程，其實不用等天公伯為我們全面性鋪上地毯，我們才願意「外出探險」，直接穿雙好鞋不就得了？我們在多元有趣的地表上生活，有各種地貌，有喀斯特地形、遭風蝕的雅丹地貌，有泥地有冰川有高原也有沙漠……，你走在路上，偶然遇到幾個坑，那都很正常。正所謂樹大必有枯枝，人多必有白癡，白癡與坑，那都會是有的，但要不要被白癡氣到中風，要不要掉入坑裡，卻是自己可以選擇的。

在外演講我經常提到一個概念：不是詐騙跟你有冤仇，所以要來騙你，人家也是拿一

份工資上班的打工仔，隨機的，胡亂打電話、傳訊息的，你懂嗎？沒有不共戴天之仇，只有亂槍打鳥之緣。當你能量飽滿福澤值高，頭腦清楚火眼金睛的時候，還怕詐騙嗎？反而是詐騙集團要怕你，怕你打一六五反詐騙專線把他們通通抓走。

地上有坑，那自然是有的，但要不要入坑，要不要傻傻掉進去，你決定！「衰」與「福」兩條命運線，都有人走。迷亂、渙散、愛說他人壞話愛抱怨的，走前面那條；而覺醒、專注、致力於發好心做好事的，走充滿福氣和機會的這條。比智商，我們每個人頭腦其實都差不多，我雖然考上醫學院，但其實也沒有比你聰明到哪裡去。時間也都是一天二十四小時，不會說誰比較尊貴，所以他就比我們多兩小時，沒有這種事情。那為什麼有人活得慌亂慘淡？有人則過得自在從容還很愜意呢？一個關鍵思考，看你是打算用「嫌」的，還是用「賺」的。

嫌跟賺這兩個字長很像，別選錯嘿！嫌後面常接的是棄，嫌棄嫌棄，多嫌無益，越嫌越氣。我就看過有一個媽媽，從年初嫌到年末、從年輕嫌到白頭，她得到什麼嗎？一生的不甘願和一身的病痛。穩賺穩賺，投資智慧人生穩賺不賠。請在賺的前頭加個穩字，安心地、穩穩地、持續性享福。要是連呼吸一口空氣、喝一口水，你都覺得是賺到的人，那你的覺受屬於貴族等級。不用等大師判你是富貴命，分分秒你已經活出了生命中的吉祥如意。替自己累積福氣永不嫌早，永不嫌遲，化嫌棄人生為賺到飽人生，兩件事早知道早賺到：

◎遇到坑真的不用每次都跌倒啦，繞過去就好

同一個跤要跌三遍？是在測試自己骨頭勇不勇嗎？何必那麼麻煩，直接去醫院測骨密比較快。遭遇苦痛時，如果你覺得「咦，奇怪，這好像以前也有發生過」，有這樣的既視感，兩個原因，第一，你本人處於壓力疲倦狀態，需要好好休息。第二，沒錯！你還真的就是在重蹈覆轍。

出現這種似曾相識的感覺，可趁機好好修改修整一番。要是懶得革新、暫時沒空修正也沒關係，直接繞過去也可以，畢竟我們要取得學分的人生課題那麼多，轉煩惱為道用、轉煩惱為智慧，先處理可以處理的，至於還沒到時機的，先繞過去也不是不可以。中學生先不用看大學生課本，到時候再說，沒必要現在就先煩惱起來放。

◎敵人不在外面，是自己迷亂渙散的心在作怪

人心被鬼遮眼的時候，即便天兵天將天使大駕光臨，看起來都像牛鬼蛇神那麼恐怖！

最可悲的一種狀況是，來幫你的，居然被聽成是在罵你。人家對你一笑，覺得他是在取笑。這樣就很顛倒。

有煩惱的時候、自以為看見敵人的時候，立刻覺醒過來，將錯覺轉回正覺。像是點燃奧運火把那樣，一棒接一棒都持續燃燒，我們心裡的明火始終不能熄滅，持續性覺醒、專注、發好心做好事。事不分大小，只要正確都好。捨迷亂、拒渙散、禁惡語抱怨語，惡不分大小，一定要完全斷除和它們的緣分才好。懂得這樣做，哪裡還需要大師替你改運？我水晶球都不用拿出來就知道你已經前途一片光明！

減壓處方箋44 施展「焦慮縮小之術」，祈願困苦平息、災厄止息

如果我們過度在意自己過得怎樣，那很有可能令自己深感焦慮。跟同事同工不同酬，好虧啊！聽說那個誰誰現在過得很爽，為什麼他能我不能，好氣啊！過度在意和計較自己的處境，屬於一種「煩惱放大之術」，這種術式，最

好不要用在自己身上。

眞正要放大的，是放眼全球、心懷天下。最懂修心的一群人，他們在日常修行中，往往會加入這樣一個環節：為陷於某種痛苦處境的一群人祈福。願病者得癒、願飢者得食、願寒者得衣、願弱者得力、願迷者得悟、願疲憊者得以歇息、願困苦者有所依靠、願獨行者不入險境……。當希望他人離苦的悲心升起來，你宛如是在對自己施展「焦慮縮小之術」。抬眼看看周圍、看看這世界發生了什麼大事，某某村莊大水都淹到家門口、豬都漂走了，自己居然還在為少吃一顆貢丸而生氣，兩相對照，那個讓自己不爽、不愉快的小事，頓時間便顯得微不足道。懷抱「愛他心」，為他人著想的同時，也將自己從狹隘的「愛我執」牢籠中釋放出來！

45

記恨廢腦子，想要睡好變聰明，千萬別做這件事

記得什麼都好，就是別記恨！在西藏，嗔恨作為一種心靈上的毒物，除了增長痛苦與不快、弱化我們的聰明才智之外，還容易導致報復性與持續性的仇恨，代代相續。藏醫藥學談預防，核心觀念就是開啟利生大智慧，預防貪嗔癡三毒上心又上頭，損人還又不利己。

從西方科學觀點切入，人之所以會「記恨」，原本是一種進化上的適應，是優勢，要我們對危險保持警覺，以提高生存機率。這本來一點問題都沒有。就好比有人吃蝦過敏，他就知道警惕，下回看到甲殼類，就會主動避開，這是警惕心。但如果警惕心深化變質為仇恨心，那就麻煩啦！吃蝦過敏，於是對蝦蝦懷恨記仇，心裡想著，「可惡啊，你小小一隻蝦子居然害我嘴唇腫起來。」、「今天你差點弄死我，明天我也不讓你好過。」有仇必

報，發誓要殺光甲殼類全家？跟牠們勢不兩立？先別說你下海能不能順利打贏龍蝦、螃蟹，在還沒弄死別人之前，恐怕你已經在傷害自己。當警惕心轉變為仇恨心，長時間去記仇時，會對大腦產生負面影響，包括增加壓力荷爾蒙皮質醇的釋放，這類分泌物長時間濃度過高，容易對大腦結構和功能造成損傷。更慘的是，你若白天跟人過不去，晚上睡意就過不來。

記恨記仇當下，交感神經往往異常亢奮，腦子裡轉的、心裡想的，都是要如何如何替自己討回公道、不能虧到，怎樣一擊必殺、不能不好好教訓一下那個王八蛋……先等一下，睡覺前想這個，比你熬夜滑手機還糟糕。滑手機至少還心情愉悅，但記仇呢？只要你懷抱那仇，主理吃喝拉撒睡的副交感神經，就很難好好地哄你睡覺。油門踩不停，煞車也失靈，最糟糕最糟糕的結果，就是自律神經錯亂失衡，這將造成我們全身性的不舒爽，還沒有特效藥能馬上把你醫好。如果說這不麻煩，那簡直沒有什麼毛病比這更棘手的了！

一改難睡又傻氣的習氣，我有兩個小叮嚀：

◎一定要放過自己，懷愛不懷恨

不放過別人，其實是不放過自己。仔細一看，你不放過的那個「別人」，搞不好還過得爽快爽快咧，睡得著吃得香完全沒有煩惱的樣子。所以，作為報復，要每一個小時叫他起床尿尿？千萬別，心裡要記得每一個小時叫他弄他，其實自己更累不是嗎？

「放下屠刀，立地成佛」，這種事我雖沒親眼見過，但放下恨意，立刻好睡的人，我診所裡倒是有很多。大過小過絕不放過，既廢腦子又擾睡眠。大愛小愛儘量包容，別人有沒有感受到不用去管，至少你已經為自己做好睡眠管理。要是深度睡眠的時間足夠長，你在身體修復、細胞組織再生上，還有免疫機能的強化上都會有非常好的表現。換算下來，這相當於替自己賺到好幾十萬甚至上百萬的療程耶！放過別人，贏回自己，那個人美心善還比較長壽健康的自己，有什麼不好？簡直是太好啦！

◎砸壞一次，要花五倍力量修復

大家有去修過手機，修過家電嗎？如果你站在旁邊看師傅修，就知道麻煩。零件要拆要換，沒有的還要調貨。有時候因為太麻煩了，原廠乾脆放棄，在保固期間內的，直接換一台新的給你，比較省事。這是消費性電子產品的狀況。

回到家裡，可就沒有那麼簡單，因為家庭是道場嘛，夫妻吵架，你退回原廠也沒用，沒辦法請岳父岳母直接幫你換一個新的老婆回來。所以，大家一起生悶氣、一起擺爛？總是會熬過來的？不用這樣虐人虐己啦！美國華盛頓大學的心理學教授戈特曼博士有教，由於人們對負性事件的記憶深刻，夫妻之間的一次大吵後，需花上至少五倍的積極情感互動來緩解和修復關係。

想到犯一次蠢、吵一次架，還得花五倍力氣來修復，罵他一句，還得誇他五句來還，還真累。所以真的真的，有事沒事不要輕易吵起來，還沒有智慧和機緣解決的問題，暫且先繞過去、先放一放也不是不可以。那要等到什麼時候才能解決？記住，凜冬不登山，風疾不掃落葉，待春暖花開、智慧爽朗的好時節，什麼都能辦好，什麼都好辦。

減壓處方箋45 閉關中請勿打擾，許自己一段靜心好時光

自從智慧型手機普及以來，不管自願還是不願，我們都成了「有求必應」的人。沒第一時間回覆工作訊息，擔心人家以為自己在偷懶，沒好好回覆親友傳來的問候，就怕傷了最愛的人的心。

於是，有人明明關靜音，卻總聽到自己手機在響。工作明明沒什麼進度，卻老感覺自己工作了好久。這並非思覺失調，不用擔心！全因「有求必應」太耗能的緣故，神經訊息傳導卡卡，情有可原。現在西方世界很流行的數位排毒，恰好能解決這個問題。

有人乾脆出國，還特別選個訊號不好的旅遊地點。又或者，你就地閉關，在自己居住的城市裡另尋一處寧靜居所。獨居的人更方便，在自己家裡就行。閉關時間一到七天，期間不滑手機不打電腦，降低藍光刺激。同時間少說話，能不說話更好。飲食上以當令在地的植物性飲食為主，閉關旨在淨化身口意，藉機清腸胃，過午不食尤佳。閉關時適合做的事包含靜心冥想、練習瑜伽、沐浴泡澡、閱讀經典，以及進行任何一種形式的創作，如書寫、繪畫、插花。可以出門運動走動，但別跟朋友約吃牛丼海鮮丼。許自己一段獨處、獨食、獨眠、獨立思考的靜心好時光，不為耍孤僻，只為恢復覺性。

46

翻轉命運、遠離顛倒，與幸福實相更加接近

你有顛倒過嗎？你有嘗過因顛倒而生的苦果嗎？有的話那真是太好了！表示你的覺知已經甦醒，這很不容易耶。我們大部分人一整天，很多都是在迷迷糊糊的狀態下，說是行屍走肉太過火，我覺得更像是人工智慧機器人，隨著工程師設定，做出既定反應。比方說，受到別人誇讚，立刻高興得意起來，遇到別人不禮貌，馬上火氣就上來。腦子都不用動一下，幾乎人人都能做出這樣的慣性反應。至於當初是誰設定的？天曉得，大概只有天公伯知道。

近幾年我一直在陪伴大家靜心煉心，希望幫助更多人脫離痛苦慣性。想要不煩不惱，首先遠離顛倒。《心經》上頭說的心無罣礙、無有恐怖，遠離顛倒夢想，究竟涅槃。這其

中的「顛倒」，不是說你頭下腳上，頭下腳上這叫倒立。顛倒真正的意思是，宇宙萬物間有一個真理、有一個實相，有它運行的規則法則，而你的「認為」，狹隘的「以為」，受貪嗔癡蒙蔽之下的「自以為」，不能符合到真理實相的時候，這樣的狀況即稱為「顛倒」。

顛倒會怎樣？可能的心靈症狀包含：覺得壓力山大沒有希望、覺得全世界都辜負自己看輕自己，心裡頭煩躁阿雜，嘴上得了歪理還不放過身邊任何一個人，硬要對方照自己的意思走，誤以為全世界是繞著自己在轉……，各種大顛倒、小顛倒，都完全不正確！任一個心很靜的人，連慧眼都不用打開，用肉眼就能看出來，顛倒的個人意見，將導致毀滅性的結果。即便不到毀滅的程度，至少都有煩死人、氣死人這樣的破壞性和殺傷力。

古代智者、覺醒的高人於是勸我們「遠離顛倒」。說了足足有兩千年，但有多少人能意識到自己的「顛倒」，從而轉正得福呢？其實沒有很多。顛倒，作為一種苦的原因，如果你能意識到它，你就有辦法為自己改寫命運。斷苦因、種善果，這一週我們來瞭解一下「顛倒」是怎麼一回事，又該如何化解。

◎愛惜身口意，莫受顛倒苦

身顛倒，人會生病，比方說日夜顛倒，血清素跟褪黑激素特別容易失衡。口顛倒，人會流失福氣，尤其是非亂說一通，對八卦和謠言還特別感興趣，這屬於一種惡惡相近，別說趨吉避凶了，開車沒收到罰單算不錯。意顛倒，人會終日迷亂，惶惶不知所依，例如要來幫你的，卻以為人家是要來害你，因此多了很多沒必要的擔憂與恐懼。

最終極的養生，是將自己的身口意都顧得好好的。讓小罪惡無縫插針、避免他人「趁你虛要你命」的這種鳥事發生，最好的方法，就是有意識地去讓自己做的、說的、想的，都儘量去符合智慧和善良。善護念的概念。

◎聞佛所說歡喜奉行，謙卑再謙卑

我們進佛寺拜拜，一定會躬身低頭，謙卑柔順地像隻小綿羊一樣。請記住這樣的感覺，無論你是受佛祖庇佑，還是基督徒或阿拉或其他大神的信徒，都一樣，請記住這種謙卑的感覺，並把它擴及到日常生活之中。謙卑不是自卑，而是用謙虛的態度來縮小對自我的執著。學習謙卑練習謙卑，對於去除愛我執、去除偏見和提升視界維度，都特別好用。

原理其實你早就知道，滿杯的水再也裝不進任何液體，空杯才能！一旦人開始自以為是，自以為比天高，相當於走到了學習的盡頭，將不再會有任何進步，也很難容得下世事無常和身邊一丁點的改變。當人有錯不能改，吉言聽不進時，哪還顧得上未來吉與凶？當下已有吃不盡的苦頭。

氣不打一處來的時候，以為自己種種不幸都是他人的錯，這件事，本身即為一個錯覺。一定要立刻警醒過來！願你我遠離顛倒、轉錯覺為正覺，諸惡莫作、眾善奉行，謙卑、歡喜地，天天持續替自己累積福氣。

減壓處方箋46　幫自己呼呼跟秀秀，關照痛處自我療癒

關於穴位按摩的起源，有一個有趣的傳說是這麼說的：古早時候有一個人身體不舒服，不舒服到他在地上滾來又滾去，剛好一顆石頭刺激到他身上某一點，他突然覺得好多了。後來大家便開始研究起人體上這些神奇的「調節點」。現今已知有三百多個穴位能幫我們調節生理機能。

起源當故事聽，忘記沒關係，要緊的是，回想起自己本來就是有自癒力的，並且持續感恩地好好使用這項能力。先試著回想一下，小時候跌倒撞到膝蓋，我們的手是不是不自覺會去撫摸那個快要瘀青的地方？有摸有保佑比較不會痛。或者有的媽媽會幫小朋友吹一吹，然後說：「痛痛飛走了。」

有媽的孩子是個寶，不過我們不用每次都麻煩媽媽，自己來就行！做法是，雙掌相對不相觸，用意念將全身療癒之氣集中於掌心，會有一點熱熱、溫暖的感覺。接著將這雙熱熱的手相疊，溫柔覆蓋在你覺得不舒服的地方，將溫暖的療癒之氣緩緩導入。心痛心傷、心累心慌之際，擺放在胸口（膻中穴的位置）。如果不安寧的地方在肚子，像是消化不良、便祕，你還可以加碼順時針揉腹，效果更佳，以九九八十一圈為宜。當人開始再度靜心關照身心靈，療癒和轉化就有可能發生。溫馨小提醒：這屬於居家自我照護的方法，不能替代必須的治療。生病還是要去醫院，或來診所給我看看喔！

47

養成容易好運的慣性，正面解讀練習

心裡想做好事，但好事多磨的時候該怎麼辦呢？善巧方便。在智慧與慈悲的庇護下，行使的一切善巧方便，能讓生命更加美好圓滿，自他兩利。尤其在時局艱難、災難頻仍的情勢下，知道善巧、懂得方便之道，能讓自己和別人，受到最小的影響。這就是行使善巧方便的好處。

善巧非取巧、方便為權宜，都是能讓一切援助精準到位的善法。不流於形式、不給人增添額外的負擔。善巧方便是菩薩法門，但要像菩薩們一樣，不疲不倦、不棄不厭，我們一般人不容易做到。所以不妨從日常生活中的每一個小念頭開始練習、從口語開始練習。等最後化為實際行動的時候，你的每一個作為，就都會是充滿智慧且溫柔慈悲的，能對彼此帶來真正的實質益處。

相信大家一定都有遇過好心幫倒忙、好心做錯事的狀況，看到人家那麼用心，又不好意思罵他。以此作為一個借鏡，我們可以來預防因自己的無明，而做出提油救火、雪中送刨冰這樣的呆瓜事。怎麼練呢？第一靜心淨心，第二將自己定錨在善慧之上。

定錨善慧，是對外邪內魔的侵擾，最好的預防。這個千萬不能等到時局艱難、狀況緊急的時候才來練，平常有時間最好就內化進去，至少練習二十一次。如此一來，你的抗壓力自然而然會提升、會高於常人。面對無可避免的苦厄災痛，非但自己不會倒下，還能順手拉身邊的人一把，這樣的你，將會是宇宙中非常珍貴且重要的一個存在，你將成為慈悲心的基地台，傳送愛的信號無遠弗屆，比什麼5G、6G信號都還要厲害。兩個練習的方法，下面分別來講：

◎換個方式解讀，討厭的事正好拿來煉心

修行不一定要上山被蚊子咬，家庭跟職場其實都是非常好的道場。甚至在你開車在馬路上，都會有很多修煉的機會，特別是連假或是下雨天。當你「覺」起來，覺醒地不被累世養成的慣性所牽引、不受負面情緒左右時，你就可以幫自己加一，給自己一張好寶寶貼

紙。集滿二十一次，算是成功定錨，將來遇到大風大浪，都不用怕。

比如被超車被逼車的時候，不是想著自己被欺負，氣呼呼咒罵他、轉回頭瞪他，也不用叫對方下來打一架。請試著幫對方找一個「藉口」，他可能身體不舒服、剛拿到駕照，也許是外地人不熟路況，又或是吃壞肚子急著找地方拉屎。幫對方找藉口，其實是在幫自己爭取一個緩衝，令自己嗔心不起、惡意不興的迴旋空間，這非常關鍵。對於避免惡習深化這部分，相當有幫助。

在公司裡，原本心裡想：「幹嘛什麼都叫我做，我長得一臉社畜樣嗎？」換個方式解讀，改成：「沒辦法，誰叫我那麼可靠、那麼值得信賴呢，我一定是能力很強。」在家裡，「為什麼老罵我，是跟我有什麼前世冤仇。」換個方式思考，「可能我以前也有做過什麼讓他不爽的事情。不過『苦既已成，業亦當盡』，罵完了，我安忍不動怒不回嘴，宿業也是在慢慢清淨。」

一次次用正面、慈悲、智慧和比較善良的方式，去解讀現在發生在自己身上的一切衰事、鳥事和怪事，等你發現「一切都是最好的安排」，待你悟到「人世間眾生皆為我的如意珍寶」，表示你慧眼打開，智慧又再晉升了一級。

◎他罵的根本不是我，去除對自我的執著

我們在實踐利他行的當下，如果愛我執非常強烈，對方將很難感受到善意，甚至還會覺得麻煩、加重負擔。這就是我前面說的「雪中送刨冰」。想要成功「雪中送炭」、「雪中送發熱衣」，一定要先放下對自我的執著，我現在做這件事目的是要為他好，不是為了我自己的名聲或面子，重點是希望對方離苦脫苦，而不是要讓自己看起來像個好人。

挨罵時，剛好是練習去除愛我執的絕佳時機。不管被誰飆罵、辱罵、譏罵、痛罵都無所謂，「他罵的不是我」。當你心神能暫時脫離那個被罵的我，從更高處欣賞「哇，口才真好能罵那麼久耶」、「對對對，連續劇也是這樣演的沒錯」、「台語真溜、典故還挺多」時，你就成功了！你將能隨時隨地放下愛我執，心靈常保自在輕鬆。

【減壓處方箋47】傷人的話並非針對我，領悟沒有一個實有的我存在

覺得被針對時，一定會覺得刺痛。心裡像是被針戳一樣，誰能不痛？無論什麼時候，將「無我」的正知融入日常生活中去實踐，慢慢慢慢，也有可能是

一瞬間，你就開悟了！榮辱不驚，好的、壞的、不好不壞的，通通能包容。

無我，不是落跑、原地消失那樣，那是遁地。無我的意思是，同事不爽你，你一定要懷疑，「那說的可是我？」如果你在薪資條件特別好的年份進入一個公司，你很有可能領得比別人多喔，同事不爽的，是同工不同酬，當初換成是小黃來就職，他討厭的可能就是小黃。今天老闆罵你，你一定要懷疑，「那說的可是我？」如果老闆被貨款被各種開銷逼到一個點上，何止是你，他連路過的蝸牛，可能都看不順眼，嫌牠走路太慢。

一個「我」，在某個時空情境中，要有其他觀察者、互動者來跟他互動，這個「我」才會存在。不過也只是暫時的。「我」宛如浮動匯率、浮動飯店房價一樣，會隨著外界不同的狀況，也跟著變化。明天老闆睡飽吃好、股票大漲，誇你呢！也不用太高興，被誇的那一個「我」，其實也不完全是你。觀察一個「我」，是由多種因素因緣暫時組合而成，沒有一個主宰的我、固定不變的實體存在那，這是很好的靜心練習。懂得從無我的角度去放鬆，執著跟煩惱都能輕易被鬆動，不再像地板上口香糖那麼難清。

48 身健康心安寧，逆境恆修，來世豐饒今生無憂

健康的身體源於安定的心靈。然而有時候，對的路往往不是那麼好走，甚至滿布荊棘。所幸，我們擁有智慧、擁有覺性，能將每一個負面事件、壓力和挑戰，轉化為資糧，營養口糧一般，在我們負重遠行途中，隨時為我們補充體力。

廣集資糧，就好比打遊戲，玩家每天都會在那邊領獎勵、領道具一樣。手上法寶越多，破關也就越輕鬆。同樣的道理，如果我們平日裡，勤勞不輟去累積善資糧、善道糧，那麼，在煉心這條不容易的修道之路上，我們將更容易堅持下去且更容易成功。像資糧這樣的好東西，它不會無緣無故從天上掉下來，必須自己去「挖寶」，至於上哪挖去？擁有高等智慧的開悟者，為我們提供了下面四種方便途徑。走，一塊尋寶去：

◎給對方一點好東西瞧瞧

不是給他一點顏色瞧瞧喔，要給出去的是金援、物資、醫藥、乾淨的飲水這些，對於一些特別匱乏的生命，這類「財布施」是直接能救命的甘露。其次是「法布施」，善法、利生的方法，不妨多多分享，尤其智慧高、知識經驗豐富的人，能把這些無形的智慧財傳承下去、傳播出去，那都是極好的！

另一種布施，最適合心理素質強大、身強體健頭好壯壯的人來做，它是「無畏布施」。比方說見義勇為的勇者，他挺身而出助人遠離危險和恐懼，就非常了不起。在所有布施中，我覺得「施無畏」屬於特別帥氣的一種。想要救人於水火，平常自己的體能也得好好鍛煉才行。否則想救人卻力不從心，反倒變成需要被救援的對象，那就搞笑了。

◎好好說話，溫柔、誠實且誠懇

比好好吃飯還難的是好好說話。如果罵來罵去的那種鄉土劇或政論節目看太多，攻擊性言語張口就來，柔軟語卻一句都不會說，這就糟糕了！口出惡語宛如發射迴力鏢，回頭傻傻打到自己，還怪世道險惡，這樣就很顛倒。

說柔軟語、說愛語，是用溫和、善意的語言去和他人互動。說好話的起始念頭格外重要，你起心動念希望他人獲得安慰、激勵或是啟發，往往都能順利說出很成功的愛語。倘若出發點是自私的，希望他人認為自己高級高尚，或希望藉由好聽話，摸順對方的獅子毛，好叫自己獲得一些商業上的利益，這就很容易走精走鐘。怎麼講都是阿諛奉承，不如不說。

◎平等對待生命，以實際行動助人

說實話，這一條我也覺得挺難，已經屬於「菩薩行」等級。對親友不貪愛，不多給他一點，對仇敵不嗔怒，不剝奪於他，真的都很需要練習。但也不能因為難就直接放棄，這可是開智慧去無明的必修課。貪嗔沒有，心燈自明。想要智慧大放光明，貪嗔癡三毒不滅不可。

平等是怎樣平等呢？像是春雨平等地潤澤萬物，又如朝陽平等地照拂窮人與富人。春雨跟朝陽完全不考慮自己的私利和名聲，沒有大小眼，不會因為某某人是大富翁，就給他多照一點。在我們如春雨如朝陽放捨私利、無偏愛無偏恨之際，解脫自在的不是別人，正是自己！

◎與人同行共事，將心比心

任何人不可能獨存於世，或多或少，都需要和他人互動。既然要互動，最好就良好地去互動，別惡劣地去互動，自他兩利何樂而不為？良好互動的起點：設身處地替他人著想，站在他人立場去考慮事情。

猴子愛吃香蕉你給牠香蕉就可以，不用請牠吃火鍋。不要因為自己愛吃麻辣鍋，就逼猴子吃，人家不吃，還怪罪「誒，這可是四川來的花椒耶，真不懂吃、真難伺候、真是隻怪猴子。」以對方熟悉的人事物來交流，才有對話的可能。否則你說到全身是嘴，對方還是有聽沒有懂。心胸寬、眼界開、見識廣的人，能隨意切換視角和立場，去同理他人。反之亦然。當你一次次同理他人處境，你又會獲得更寬廣的視野，更自由、更不受我執束縛。

減壓處方箋48　收起向外指責的食指，攤開手掌領受賜福

如果一個人說話時習慣用食指指著對方，不管他的內容如何精采又如何精闢，聽的人常常都會有一種被指責、被教訓、被命令的感覺。而且，一隻手指

指別人，等於你要用三隻手指指著自己，唉呦，不要搞得彼此壓力都那麼大。想擁抱的人不會總握著拳頭，雙手的眞正用途是用來擁抱的，而不是用來相互指責的。

放手放手，同時放過別人和自己。兩手一攤並非無所謂，攤開手掌朝天，意味著領受祝福。並且提醒自己，自己其實是個一天到晚收到禮物的幸運兒。我們接收禮物，掌心不可能向下，也不可能握著拳或指著誰，一定是向上的。

練習攤手朝天動作時，你可以坐著，把手自然地放在膝蓋上。也可以躺著。雙手自然攤放在身體兩側。攤手的姿勢有助於改善血液循環、放鬆肌肉，舒緩疲勞和緊張，對於活化副交感神經也是極好的！人要戰鬥時，握拳，想要放鬆時，攤手，這兩個動作其實我們天生就會，只是常常忘記用，現在我一提醒，你就又想起來啦！而在妄念紛飛、思路紊亂的時刻，你攤手向上，有助於強化專注力、回歸一。好像雜念、亂七八糟的念頭，都從手掌中跑走、蒸發了那樣。簡單一個動作，希望能幫你很快地恢復理智清明，重返寧靜。

49

運用善善相近和喜好互惠反應，擴大幸福圈

善善相近，種善念結善果，善行不僅帶來善報，還替我們吸引更多良善的人事物來到身邊。宛如蓮花和蓮花喜歡聚在一起生長。你到湖邊賞蓮，不會只看到一朵，而是會看到一大片的蓮花聚落。德不孤，必有鄰，而且還是一票好鄰居呢！

在西方，學者觀察到一種「喜好互惠反應（Reciprocity of Liking）」，這屬於一種好感反應的正向回饋。今天一個小嬰兒衝著你咯咯咯笑，或一隻柴犬對著你哈哈哈笑，平日裡再嚴肅的人也不免融化，隨之展露笑顏。以笑容回應笑容，無須刻意學習，我們天生就會。你向對方投出一個善意，照鏡子般，正常人都會傾向以和善的方式回應。伸手不打笑臉人，即便對方原本心裡頭不太舒服，看到笑容可掬、態度溫和的人，也很難發什麼大脾

氣。

反之亦然。原本人家要拿禮物給你、要跟你講好笑的事，看到一張撲克臉擺在那，馬上縮回去。更別說投出的惡意或周身散發出濃濃怨念的人，恐怕好意都還沒碰到他，直接就散掉。

預防墜落沉淪，千萬守護好自己感知幸福的能力

提到散掉、化掉，這讓我想到困在烈火地獄裡受苦的靈魂，明明肚子很餓，但人家好意送來的食物，到嘴邊馬上就化掉、燒掉，一口都吃不到。若把這當寓言故事來看，我們身邊那些喪失感知幸福能力的人，不也經常面臨著相同處境？不管人家講什麼好話，聽到他耳裡盡是惡意和嘲諷，不管誰對他做什麼好事、分享福氣給他，到他身邊也是直接化掉，完全無法承受。

倘若感知幸福的能力退化到這種地步，那真的是很慘，叫人看了都覺得捨不得。趁現在我們還理智清明、頭腦清楚，還有餘裕還有時間，一定要把握機會修心煉心，預防自己成為一個無福可受、無福消受的人。

與其死命守著一個人的舒適圈，不如擴大幸福圈

既已明瞭「善善相近」和「喜好互惠反應」，接著我們就在日常生活中好好應用它。想要人家對你和善，自己先表現出和善。投射善、吸引善。面帶笑容、聲音柔和、謙遜有禮，使自己看上去就像個福人，那根本就不用使出什麼霹靂手段，你自然能服人。

服人，不為了高人一等，而是為了更方便把福利分享給眾人。只求一人舒服，大可待在一個小小的舒適圈中自娛自樂。不過啊，獨樂樂不如眾樂樂嘛，你和人分享音樂、分享食物、分享知識……分享一切你喜歡的有趣事物，這些「喜歡」都會放大，放大成歡喜！這就是令感知幸福能力不容易退化的祕訣。

一起唱歌更歡樂，好東西大家分著吃更好吃，比如說像西瓜。分享知識那更棒，得到的是一個教學相長的好結果，自己會進步很快。心裡不光顧著自己爽，有合適的機緣，不妨將幸福多多傳遞出去，幸福不會化掉，它會放大!!

好漢不提當初，刻意思量他人長處少提自己付出

修心之所以叫做修，煉心之所以需要煉，是因為我們要替自己修剪生命之花，讓它變成一盆美美的盆花。造景的感覺，為自己為他人，造一片好風景。在修剪的過程中，不一定都很痛快，反而可能還會有點痛、有些不愉快。但這是「修」跟「煉」的必經過程，有苦方有得。

在自心尚未調伏、你還沒有去訓練它之前，九成的人會對自己的付出，印象深刻，而對於他人的貢獻，則常常視而不見。這裡就出現一個痛苦點了，「我為你付出那麼多，你卻從來沒有感動過。」怨懟於焉而生。怎樣調伏？把對方像太陽一般、那個最耀眼的優點給找出來，好好感謝一番。起碼要面露微笑，嘴上能實際說出豐滿的感謝之辭，那更好。

再來，幫自己的「利他行」設下安全網，預防墜落、反被煩惱耽誤。不管大利他小利他，大付出小付出，永遠記得，我們是出於善良、不忍心他人受苦，或為了修煉己心放捨的功力，才去做的這件事。不需要別人記得、不需要受到表揚，更不索求回報，做完直接忘掉。節省腦容量、節省精力，不費口舌去和任何人提醒自己的付出。

同一個島，住成鬼島還是蓬萊仙島，取決於我們感知幸福能力的高下。好好運用善善

相近和喜好互惠反應原則，我們一起來將仙島給顯化出來！

減壓處方箋49 在沒有人的電梯裡，對著鏡子做俏皮表情

我曾聽一個活過百歲的阿嬤說過，「開心的時候要笑，難過的時候更要！」阿嬤不是沒事愛起肖，而是希望盡可能把多一些美好，帶到這個世界上來。我覺得這位阿嬤的內心，特別美。而她這份好意，也為自己收穫了一個長壽健康的果報。

我看現在路上人來人往，可能是因為工作太忙、天氣太熱、壓力太大的緣故，很多人都掛著一張撲克臉。有人以為面無表情，就不會生皺紋。這是錯誤的觀念喔！時候到了，再加上地心引力，這張臉可是會垮下來的耶。正確的作法是用笑容去拉提，訓練好自己臉上兩坨圓圓的蘋果肌。剛開始不習慣、怕不

好意思，你可以趁著搭乘電梯的短暫時間，對鏡子做些俏皮可愛的笑臉。面部表情一變，馬上幫你換一個心情，重開機的意思。就算是裝出來的，那都有效。讓臉部線條變得柔和可親，別人看著舒服，自己心情也會輕鬆許多。

50 心免疫，這些吉祥念頭為你展開超強防護力

身體免疫機能良好的人，能有效抵禦外來病菌、病毒與寄生蟲的危害，減少患病機率。另一個鮮為人知的額外好處是，降低疲勞感。免疫力良好，意味著系統能快速識別、第一時間處理，因此不需消耗太多身體資源來應對病原微生物，所以較少會出現無力倦怠，或極度疲勞到難以恢復的狀態。我觀察到，那些免疫系統能正常發揮作用的人，往往也是最有活力的一群人。

其實心也一樣。倘若人心的免疫力很弱，常常因為一點小事情就暴跳如雷，或者受了委屈就感到全世界都不理解自己，一顆心經常七上八下、惴惴不安，非常消耗能量耶。聽到有人說他「心好累」，我覺得形容得很貼切。人心，真的是會累啊！至於怎樣才可以不

累？靜心淨心、煉心修心，培養一顆令生命感到溫暖的菩提心。

下面這幾個念想，有增益心免疫的作用，我們一起來想一想：

◎如遇違緣逆境，切莫「以我為重」

遇到了違背自己習慣和常識的討厭時刻，一顆沒有修煉過的心，第一時間一定是怪別人、怪環境、怪東怪西。「都是別人不好，害我變成這樣。」、「你看，都是他害的啦！」事實上，真正害你不爽的並非別人，而是「我執」。

在情感上、生活習慣上、思維方式上，只認定自己的認定，以自我小我私我為重，這是無繩自縛，非常侷限非常狹隘的「我執」。害得你煩惱、惹得你不爽、鬧得你片刻不得安寧。明白了罪魁禍首是誰之後，往後當你即將爆炸、潰堤的每一個片刻，先別怪罪他人，改成檢查自己的「我執」。西藏有句俗諺：「眾過患歸於一」，這個「一」指的就是執著。說不定是自己搞錯了呢！說不定誰都沒錯，只是角度問題。得見大世界，得享大自在，最好就像這樣一次次鬆動執著，令煩惱自然鬆脫。

◎感恩再感恩，知道自己為什麼能活著

我現在還能呼吸、還活得好好的，能吃飯睡覺寫字散步……做一些幫人恢復健康的好事情，是因為我特別聰明、特別帥氣，還是特別優秀？其實都不是耶。是因為土地的滋養、有乾淨的水源、清新的空氣，天上的太陽、地上這許許多多的人，有人幫我這個、有人幫我那個，所以才成就了現在的我。

其實不只是我，人人都一樣。都是接受天地，接受萬萬人的協助，才有辦法存活。難不成，有人可以自己從媽媽肚子裡跑出來？然後吸空氣就能長大？不可能嘛！至少，都還有醫生護士把你拉出來，不管是牛的還是人的，也總是要喝些奶才會長大的不是嗎？

幸福之法無它，唯有「感謝如母有情眾，知恩念恩報恩」，我師父教我的，現在我也交給你們。「唉呦，我受到的幫助還真多耶」，常常這樣思維，心胸自然會很寬大、心境時刻美好，這邊受到的恩惠，那邊再給出去，如此來來回回，令自己變成愛的載體，每天都會過得很愉快。

◎脫離痛苦慣性，每個當下都嶄新

察覺慣性反應、取消、重置、創建幸福連結，請再三反覆這樣做。我發覺現在的人心

裡「地雷」埋很多，很多點不能踩，一踩就爆炸。奇怪耶，這雷埋藏在自己心裡，爆炸的時候炸傷別人難道自己會沒事？不也一樣很受傷？這樣太痛苦了啦！趕緊來除雷。

從你看到這篇文章開始，就不必一再折磨自己了。早一步開悟的覺者曾說，「即便罪惡滿世間，我們仍可以轉惡緣為覺道」。捨棄痛苦慣性，換一個有創意、有智慧，又不失慈悲的方式來反應看看。甚至，淡定一點以不反應來回應，不接招其實才是最高招。

誰喜歡痛苦、誰又討厭快樂？沒有啊！其實所有生命都跟自己一樣，更願意安住於快樂之中，並且遠離恐懼與悲苦。理解這一點，這世上許多奇奇怪怪的鳥事，你都能看清了。有好的機緣，不妨讓自己和別人，都多快樂一點、少痛苦一些，這便是對自己、對世間，最吉祥的心意。

減壓處方箋50　為自己升起防護光罩，保身心靈平靜安康

能量最強的菩提心、慈悲心，是最無敵的。連敵人你都可以去關懷他、使他成為你精進的助緣，那還有什麼敵我之分？一次來十個都不用怕。如果你心

靈能量足夠強大，心中的善非常非常強壯，那基本上百毒不侵、萬惡不擾，就不用做什麼防護罩。

然而我們都是學生，都還在學。就像身體免疫力差時容易感冒，當心靈免疫力低下時，也不免受到外在影響，也是會難過會受傷。防病毒戴口罩有用，預防瘴癘濁氣等負面能量干擾，我們可以替自己升起金色光罩。站姿坐姿皆宜，十指相觸手掌留空，置於胸口位置，以觀想的方式，自心中生出金色光芒，觀想它逐漸擴散至周身，形成蛋形光罩，將自己安全包覆在其中。接著再以你心中的本源智慧和善良能量，去鞏固它強化它，觀想它變得厚實而可靠。當你不可避免、即將前往一些能量場特別紊亂的地方，心裡頭特別害怕、格外不安時，就可以像這樣幫自己做出一個防護光罩。

51

簡單一個轉念，壓力減苦痛消，相互觀待

患得患失是苦。是人，多半都有體驗過這樣的痛苦，沒拿到某某東西、某某成就時，擔心拿不到，害怕做不到。等真正得到一些東西，如金銀錢財、名聲頭銜，又怕被人奪走、被詐騙騙走、害怕自己不再擁有，因此惶惶不安。自己想看看，自己在哪一方面比較容易出現這種患得患失的症狀，這個地方，就是你開智慧的好地方！

這一週，我們來練習透過邏輯思維，鬆坦自心，解除無繩自縛。打開心胸之後，我們將要安住於空性當中，這是一個很美妙、很放鬆卻十分專注集中、很有創造力和幽默感的一個好地方。我們一層一層來看：

◎思維長短輕重苦樂，相對非絕對

上美髮沙龍做頭髮，長短髮價錢是不一樣的，染過燙過的人都知道。脖子以上叫短髮，及胸的為長髮，設計師大概會這樣解釋，方便計價。但請再仔細思考一下，學生頭跟平頭比起來，學生頭長，平頭短，再把平頭跟光頭放在一起看，唉呦，那還是平頭的髮絲長一些，少說也有三公釐。

再來看壓力大和壓力小。一個公司專業經理人，一天開十個會那是家常便飯，但你叫一個實習生一天跟著開十個會看看，別說十個了啦，開一個會老闆稍微大聲一點，人家可能明天就請假不來了。缺工年代，當老闆的更要會說柔軟語，更有同理心。要知道同樣一個麻煩，身經百戰的職場老鳥覺得沒什麼，小菜一碟，換到初試啼聲的職場菜鳥身上，很可能就變成壓力山大。

至於苦樂、好壞、歹命還是好命，其實也是一樣「相互觀待」，看你跟什麼比。譬如被人罵時，我心裡就想，罵沒關係，沒打我算不錯。另一個人卻想：「可惡，我千金耶，居然敢用這種口氣跟我說話，氣氣氣。」同樣都是罵，我完全沒事，「千金」卻要氣上兩三天。有沒有理解相互觀待，心情會差很多。

◎外境無實本質為空，水月一般

長短大小輕重苦樂好壞……，這些相對性的字詞，多到舉例不完。現在你知道它們是相對的，而非絕對的。平頭在光頭面前，頭髮還算多呢！跟我家鄉綁長辮子的老奶奶相比，小妹妹及胸的長髮不算長。什麼是長？什麼又是短？上窮碧落下黃泉，找遍全宇宙，找不到一個「短」或「長」。那是因為，萬事萬物都是相互觀待、相互依存、緣起而生的。

龍樹菩薩一首詩，精闢說明了一切，我特別喜歡。他說：「萬法為緣起，猶如水中月，非真亦非假，悟此一切者，不為見所欺。」看懂水月，心中自然寬坦舒暢，很多的計較，你從此懶得計較。你看啊，什麼房子啦、車子啦、金銀珠寶啦，不都很像小朋友玩的「大富翁」嗎？今天我手上籌碼多一點，明天換你抽到一條街，也不是不可能。

◎理解緣起性空不是讓你腦袋空空

地水火風空五元素裡的「空」，意味深長，卻常被誤解。很多人不修行沒事，一修起來變得異常悲觀，想說：「反正到頭來就是一場空，那我乾脆現在躺平就好，不用努力了。」哈哈，不是這個意思啦！理解空性，我認為最大的好處是幫我們鬆動執著。比方說某件事情讓你很不愉快、很痛苦，這裡面一定有「我執」在裡頭作怪。當你用更寬坦的態度去面對它，面對自己，悟到，「啊，這其實是相對的、是暫時的。」、「原來是某些因緣聯合造就這個結果，不是單一原因。」、「世界上唯一不變的真理就是沒有什麼是不會改變的！」

面對無常異變更加淡定從容、面對挫敗打擊減少痛苦和擔憂、面對亂七八糟行為走鐘的討厭鬼時更加理解包容，能看清前因後果和人事物之間的交互作用，提升智慧、令心胸寬坦，這些才是修習空性的真正效益。在這項修煉中，你將逐漸實現「寵辱不驚，看庭前花開花落；去留無意，望天空雲卷雲舒」。真正將得失置於度外，這還能不鬆坦嗎？簡直沒有什麼比這更加寬坦鬆緩的了！

減壓處方箋51　培養獨立邏輯思維，避免陷入集體錯覺當中

疫病流行時群聚容易染疫，然而，平時的群聚也可能「有事」。從眾心理再加上責任分散效應，人多熱鬧的場合，經常被有心人士利用。比如在一個充

滿激情的造勢場合中，研究者發現，某些參與者解決問題的能力出現了「戲劇化的下降」。甚至，在社群軟體中的「群聚」、花過多時間和專注力跟同溫層閒聊抬槓，也可能對個人認知產生「意想不到的巨大影響」。所以啊，若你現在經常獨處又不愛玩臉書，請別感到孤單，你絕對是受天公伯眷顧的好命人，用不著去外頭跟人家「人云亦云」，更有條件保持理智上的清明！

亂步紅塵，如果你有任何一個片刻，察覺到「大家某個想法怪怪的」、「這樣根本不合邏輯啊！」，請珍惜這出現在你生命中的吉光片羽，這是個覺性清醒、靈光乍現的時刻。請盡情享受獨立思考的美好，或找資料佐證，或親自實驗看看，永遠不輕易接受未經證實的消息。擁有知識後，經過論證、實際應用，才把它變成自己的智慧。不必去責怪那些老愛煽動群眾的有心人，怪只能怪自己居然甘願當個「無心人」。拿回自己的心，拿回思考主權，重要的事，別讓他人替你決定。

52 淨心放下轉念迎吉祥，智慧福澤雙加持

我最近在讀寂天大師的《入菩薩行論》，發現其中第八品靜慮品，恰好是現代人最需要的。尤其人工智慧快速發展的今日，怕工作被ＡＩ取代而惴惴不安的人有，沒買到輝達和ＡＩ概念股暗自捶心肝的人也有，搭上順風船準備大展身手興奮不已的人，那更多。

光在一個人身上，喜怒憂思悲恐驚的輪轉，要比從前快上許多。數位時代變化快速、刺激、好玩、機會多，卻又不免叫人擔心更多、興奮過頭，有時候帶有一點害怕落後的惶恐，有時又轉變成怎麼人家都有我都沒有的不甘。

從預防醫學的角度來看，心裡頭老是七上八下，容易影響到命氣運行，就連荷爾蒙分泌、自律神經運作也特別容易失調。因此我認為，一天百分之六十以上的時間，宜保持一

種安定的「微喜悅」心境，這對維護身心靈健康非常有利。靜心淨心，說難不難，說簡單卻也沒那麼容易，下面分細項來說：

◎避免身心散亂迷亂，落入煩惱之中

迷者煩惱多多、悟者法喜充滿。所以我們還是少迷一點、多悟一些，比較開心。想要不迷，很重要一點，你一定不能覺得「但凡有錯，那都是別人的錯」。自己永遠是最高明、最有智慧的。一旦有這念頭，大概率是被「我執」給控制了。不知因、不識果，連自己的本心都不認識，那可要白活了。

轉煩惱為菩提，用心專注去觀察、去學習、去改良、去除錯。養成這種隨時精進的好習慣，哪怕一天只進步百分之一，一年後，滾雪球般，產生複利效應，人會進步三十七倍，這數字《原子習慣》算出來的。說真的，天底下最好的投資，不是買什麼瘋狂飆股，而是把精力全副用在精進上面，穩賺不賠！我跟你保證。虧到的來找我。

◎遠離瑣事雜事牽絆，知無常去貪著

別跟討厭鬼過招，不跟他浪費時間罵來罵去、鬥來鬥去，這個稍微努力一下就能做到。但另外一點卻不容易，跟喜歡的親人或朋友，我們很容易因為貪戀，而過度放大他們的優點，但真的是這樣嗎？他真的這麼好嗎？是可以相互成就、相互激勵的善友嗎？那不一定耶。

因緣狀況一旦改變，摯友也能一秒變仇敵。是敵是友，關係其實是會變動的。開悟的前輩於是提醒我們「無常」和「避免貪著」，我覺得不無幾分道理。緣來歡喜相聚、緣散各自安好，這樣就很好。被貪著耽誤的人生，怎得大自在？沒變大智障算不錯。

◎時時檢視貪嗔無明，預防心毒之害

三大讓我們變成弱智的心毒，分別是貪心、嗔怒和無明白癡。知足者少貪，安忍者少嗔，淨心者智慧明朗。小時候在尼泊爾念書時我住在學校裡，放假能到集市上吃碗麵，我就覺得很享受。現在在台灣美食佳餚那麼多，看得人眼花撩亂，但和人聚餐時，光顧著談事情，也不一定每樣都吃到。有機會體驗簡單素樸的人是幸福的，活在當下，在感恩又知足的狀態下，一碗白麵都顯得格外美好，這是真正的豐足。

至於少嗔，甚至是戒掉嗔的方法，請看我上一本書《不生氣的藏傳養生術》，裡面有詳細講解。

◎開智慧積福澤，守護正知正見正業

看別人很成功，不需要羡慕嫉妒恨，那要幹嘛？第一隨喜他人成就，第二自己也可以獲得大成功啊！不過很多人恐怕都誤會了一件事，以為努力一定會有收穫。是啦，成功的人一定都有努力，但努力的人可就不一定都有成功。要是方向錯了、知見歪了，可就越努力越傷腦筋。

觀察來我診所保養的傑出企業家，我發現他們有兩項特質，第一，有遠見且心胸開闊，第二特別喜歡利他。在真理中思維、不輕易受他人左右、不受二元對立侵擾，對正知正見特別感興趣的人，是打開覺性在過生活，明因識果慧眼如燈，要失敗都難。而「利他」本就是累積福澤值的六大法之一，如果自己從事的行業是對他人有益的，那就太棒了，等於是一邊工作一邊就在累積福澤值，不光只為了賺錢填飽肚子而已。

正知正見正業，簡單來說就是，對人對環境有益的事，我們用心去做，對人對環境有害的事，我們不做。其中這個「人」，同時包含自己和他人。經常這樣取捨，不管你是做大事還是做小事，那都是很成功的事！同時間，你的智慧跟福澤也將獲得複利般成長。

減壓處方箋52 管它能處理不能處理，幽默以對活出喜悅

我在我《快樂醫學》這本書中曾傳授「快樂七寶」，它們分別是利他、感謝、自然、微笑、學習、社交和大善。恢復本心愉快，是長久維持身心健康，最省力也最省錢的良方。其實還有第八寶，現在把第八寶交給你，「幽默感」。

前面有說過，能處理的事不用擔心，不能處理的你擔心也沒有用。所以不管天要下雨還是娘要嫁人，那都是不用擔心的！管它能處理不能處理，替自己笑一個吧！管它能處理不能處理，先讓別人笑一個吧！每件事情本身，都有它自己的因緣和合聚散，憑藉一己之力，有時候確實是難以完全操控。

而我們這個一己之力呢，拿來促進健康，卻已經綽綽有餘。幽默常笑的人，自然殺手細胞的活性都非常強大，能有效替我們抵禦癌變和病毒。觀看

脫口秀、喜劇片、有意思的動畫片好好培養幽默感，同時間還能促進腦內啡釋放，它為健康的人帶來愉悅感、為生病的人減輕疼痛。避免壓力荷爾蒙過度釋放傷害細胞，幽默感升起來，焦慮立馬退散。而因為你的幽默，讓你在和別人互動上更加融洽和諧，你是為彼此貢獻了催產素，這是一種在良好社交經驗裡誕生的快樂荷爾蒙。想要開智慧嗎？研究人員發現，對學童而言，幽默感能提升語言和認知能力。對大人也一樣有用，主要展現在促進創意產生和強化解決能力方面。最棒的是，「擁有幽默感的人健康壽命更長」，主要原因來自於壓力的紓解、促進心血管健康，以及免疫機能的強化。

擁有幽默感、任何時候能笑得出來的人，日子都不會苦。幽默是靈魂的語言、是家庭中的陽光、是兩人之間最短的距離，也是你療癒自己，一帖絕無副作用的良藥。

第3章

累積福澤強化抗壓力，6大密技學起來

01

利他斷執著，感謝你讓我成為更好的一個人

真正有福報的人，是能從心中源源不絕生出快樂的人。你若願意懷抱菩提心，隨喜他人成就，宛如自己也成功了一般，那麼，你的生命將有更長的時間，令自己沉浸在喜悅安適之中。這是相當值得感謝的一件好事情！因此，當別人有機會讓你練習利他的時候，不用想著自己會得到什麼好名聲、眾人會如何對你另眼相看，或是今天你幫了他，等哪天自己有需要，對方會來援助自己，不用這樣想。利他不是買保險，不用等到以後才領回本金和利息，不求回報的利他，真正讓你在當下受益。你反而要感謝對方，創造這個機緣讓你能幫他一個忙，讓你有這個煉心的機會，來成就最高版本的自己。

利他，對自己最大的益處，是透過善慧的途徑，替自己修得圓滿自在，藉由放捨斷

離，進而培養出一顆沒有執著的自在心。煩惱即菩提，煩惱心的背面，是一顆充滿智慧的自在心。透過利他的種種舉措與善意，你可以將煩惱翻篇，成功翻轉人生，成為你喜歡的樣子。把自己活好，愛自己的方法，除了不生氣之外，利他，也是千古好用的大絕招之一。關於利他的幾個小訣竅，下面跟你分享：

◎手能提起亦能放下，心也是一樣

你今天上市場買菜，手裡提滿大包小包，重得不得了，一回到家你肯定馬上放下，不會有絲毫猶豫。但為什麼今天在人間學習，心裡裝滿大事小事，壓力大得不得了，回到家還捨不得放下？晚上躺在床上依舊在想，明天起床繼續煩惱？有些人心裡有事，別說放一天兩天，可能到離世前都無法釋懷，還在怨、還在不甘心、還在氣得牙癢癢。

現在，請看一看自己的手，跟自己的雙手學放下。拿得起、放得下，做一個自在人難道不好嗎？非要做一個苦命人、狠狠地虐心才痛快？不要那麼辛苦啦！去利他、去布施，把自己有的、會的、知道的，大大方方給出去，藉此讓心練一練放下，從此沒有隔夜仇，解怨又解憂。

◎別捨不得，越給越多不會少塊肉

初學利他的人，會碰到的第一個障礙，就是怕。怕自己少了、怕別人變強了、怕沒有回收相對應的報酬。要知道，這些怕，都是妄想喔！都是虛妄不實的。要不，你把你的「怕」拿出來讓我也怕一下？拿不出來齁！這樣你就知道這個「怕」，它是沒有實體的，身為自心的主人，你嚴聲要它消失，它絕對不敢多亂你心一分鐘。

不知道你有沒有傳授過他人任何技巧或知識？你教人家數學，人家數學不一定會變好，但你的邏輯思維一定會變強。就像我寫《不生氣的藏傳養生術》，看了我書的人可能還是偶爾會生氣，但寫著寫著，我自己卻變得完全不愛發脾氣。所以啊，根本不用擔心把你會的東西教給別人，凡給出去的，必定不會變少，在你自己身上，反而會增長。這個挺有意思的宇宙法則，最傑出的學者、最卓越的企業家都很能活用，請你也務必親自嘗試看看。

◎樂於被利用，展現自我非凡價值

人界煩惱何其多，妄想何其多，多到像天上的星星一樣那麼多！其中一種被害妄念，是覺得人家都在占你便宜、在利用你。曾有人忿忿不平向我投訴，「某某人都是在利用我啦！」、「哼，假好心，肯定是要貪圖我的○○」，說得好像對方十惡不赦，不殺他不能解氣那般苦大仇深。我就問，如果你不聰明、你不厲害、你沒本事，人家又如何能利用得了你？如果你像是一棵長歪的樹，砍了也做不了任何家具，人家就可能沒辦法利用你。但我覺得沒必要因為不想被「用」，就故意長歪。你原本該長成怎樣，就長成怎樣，你獨一無二的ＤＮＡ之所以還留存在世上，肯定有它的原因、肯定有它的用處。

如果你被利用了，不要氣噗噗，反而要高興，原來我這麼有用、這麼棒、這麼傑出，我真是太有價值了。當作利他送他啦！你身上所有的一切，都是用進廢退的喔！包含你的頭腦、你的肌肉，和你的心。被利用的時候，你可以說，「用得還可以嗎？還好用嗎？好用的話你慢慢用喔！」幽默地像這樣開個無傷大雅的小玩笑，你心裡會輕鬆，對方會嚇到，說不定日後就不敢隨便麻煩你。

被占便宜時，我都覺得我自己一定是很有福，人家才有東西可以占。懶得計較、樂得輕鬆。賠了虧了算了，再去使勁計較，連時間和好心情又再賠進去，那才是真正虧到！

02 利他的心意，為一切如母有情觀想一個美好的未來

累積福澤值第一度，利他是也。或者你說布施、捐贈、賑濟、救援、施助也都可以，名稱不重要，心意才是重點。作為一種修行的方法，無論你要捐贈的是財物、是技術、是能力還是一個笑容、一句撫慰人心的良言善語，利他、布施若能偕同智慧一起行動，那就會非常有力，對自己、對他人，都會產生極大的利益。

站在醫生的角度來看，利他，同時還是一個很高級的養生良方。你在幫助他人的過程中，大腦源源不絕釋放出腦內啡，這種神經傳導物質除了讓你愉悅快樂，還有止痛、抗憂鬱、紓解壓力、強化自信心等好處。美國密西根大學的布朗博士曾發現了一個有意思的現象，她說：「在施與受的關係中，付出者反而比接受者享有更多健康紅利。」早衰與早死

的風險降低百分之五十。關於這點，東方智者老早就悟到，並總結成一句你一定有聽過的經典名言：施比受有福。光看西方學者的研究只能證明這句話確實沒錯，真正要讓自己「有福」，還得親自去做，去利他、去付出、去斷離貪慳。

讓自己活得輕盈開闊，幾個利他的小提醒，下面告訴你：

◎喜歡去做才去做，不樂意別勉強

利他可以很好地紓壓，這是指在你心甘情願付出的時候。若是基於面子、囿於傳統思維、出於集體意識，因為大家都這樣做、被規定的或是其他奇奇怪怪的原因，你不樂意的時候，千萬別做！硬做只會讓自己壓力更大而已，被你幫助的對象，也不一定能受惠。反而有可能跟你一樣，也覺得壓力很大。

你開心下廚煮好料餵飽一大家子，這是「利他」。倘若懷著怨氣、急躁、不甘願去煮，你的負面情緒也會傳遞給對方，說是「害他」有點太超過，但大家沒消化不良、沒拉肚子算不錯。意樂意樂，你的心意要是愉悅的、快樂的，抱持這樣的好意去奉獻、去給予，贈人玫瑰，包你手留餘香。做任何事，最好都能考慮到一開始的動機，若是出於善，並有智慧輔佐，那不管你怎麼做，都會得到一個好結果。

◎一定要轉身忘記，不求任何回報

利他不是利益交換，考慮著，「喔，我今天給他一盒水果，下次我出意外他會來醫院看我。」思索著，「我買下一隻牛、一隻豬、一隻狗放生，這樣大家就會覺得我是一個好人，會對我刮目相看、以禮相待。」腦袋瓜裡時刻打著算盤，想著會不會虧到，那就一定會虧到。被妄念塞滿，人心浮動煩躁，一刻不能清淨，這就是虧到。

希望你我都能「健忘」一點，忘了那些沒必要記的，活得更健康一點。試想，人如果一直吃，把胃塞得滿滿的，絕對消化不良。心也一樣。不停用各種算計、各種計算，把心塞得滿滿的，那感受幸福的能力一定會越來越遲鈍，很多值得感謝的，都會注意不到，這樣就很可惜。利他之後期待著回報，比如說，「我對你好，所以你也要對我好」，會這樣說的人，最後都會哭。電視上有演，你我身邊也都有許多實例，我們暫且跳過這個劇情吧！瀟灑利他，自然忘記，這才叫一個逍遙。期待回報，掛心事又變多了，自己綁著自己飛不起來，外面天空多大都不知道。

◎有形無形皆可施，不必拘泥形式

利他不必有財力證明，有心力便處處能行。金銀財寶多的人，用錢辦事速度快。奇思妙想多、智慧高、方法多的人，付出你的聰明才智濟世，那更是風雅又高貴。長得特別好看、笑起來特別溫柔，連眼睛都帶笑的人，則很適合做「和顏悅色施」，布施你的笑容、布施你的好心情，像是一個散發愛與慈悲的基地台一般，把你的正能量傳遞出去，稍稍降低一些環境中的暴戾之氣、煩躁之氣，絕對是功德一件。

甚至，靜心煉心有成的人，你用你清淨的意念去祝福他人，祝福一個地方、一個世界，為自己、為他人觀想美好的未來，希望人我皆離苦得樂，得大解脫。這是最美的意念布施。現在我們實際來練習看看，請你隨意挑選一個對象，從一數到九，祝福他一生平安、好事接二連三降臨、四季吉祥、五福臨門、六六大順、七星高照、八方進寶、九天攬月，時刻幸福美滿。用意念發射祝福，講究專注、專心，從一數到十不斷念、不生妄念，那就會非常成功。如果你從一數到九，九天攬月變成九轉肥腸，那就要重來一遍。

祝福觀想的對象，可從親近的人、你喜愛的人，再來是陌生人、你無恨無愛的人，最後是你的敵人、你討厭的人。次第來做練習。等到連你平時看不慣的人，你都願意祝福他智慧大開、脫離無明的時候，世間再無人能與你為敵。你將替自己開展出一條智慧無盡、貴人無盡、福澤無盡的命運線。

03

靠自律改善命運、斷惡積福，不起煩惱不生貪著

一個人有功也有錯，念及他的功勞苦勞，即便他做了蠢事，也不跟他計較，這叫「功過相抵」。若你曾享受到功過相抵的「禮遇」，千萬不要得意，以為是自己帥、自己尊貴，所以所有壞事都落不到自己頭上，沒有這樣的事情。人家如果願意讓你功過相抵，是因為人家大肚能容，或看在你還在學習的分上，給你一個方便。我們若把方便當隨便，繼續任性恣意妄為，等到福澤值揮霍殆盡的那一天到來，那結果通常是慘不忍睹，什麼事都有可能發生，就連身陷囹圄都不算最慘。

掌握幸福公式：自律＝守戒＝修善

預防自己墮入叫天天不應、叫地地不理你的窘境。自律＝守戒＝修善，是特別好的一個處方。我在自律、守戒與修善之間畫上等號，因為我認為它們的核心都是在講同樣的事情。

正所謂「種豆，其苗必豆，種瓜，其苗必瓜。」不可能你種西瓜，長出來是芭樂吧，有的話趕快叫我來看。種善因得善果、種惡因得惡果，想要吉祥如意每一天、希望沒有一個惡果成熟，最重要是斷惡加積福。這等於給自己雙重保障，比買保險還要保險。

進一步來說，自律是合理且適當地約束自己，想的說的做的，每一個念頭、每一句話語、每一個行為，力求對生命有益（積福），盡可能不去傷害到任何生命（斷惡）。而這個「生命」，也包含自己。

說老實話，自律比利他更難，但如果你修好了，那利益也是更大的，甚至連你身邊的人都連帶受益，一人得道雞犬升天的感覺。比方說你持守「勤走動」這個戒律，自己身體會好，年老不用靠子女、靠看護，自己輕鬆、有尊嚴，家人也省心，這就是利益。自律修得好，對後頭的安忍、開智慧，也是大有助益。無論叫自律、守戒還是修善，都是一種對自心的訓練，人對自心掌握度越高，那你滅惡習、引善緣、結善果的功力也會更強。最起碼，自律幫你阻止了「第一時間發作」，忍住第一時間沒有爆走，妄念的力量不會增強，負面習氣也比較不容易深化到內心之中。這對於脫離痛苦慣性，相當有幫助。

如果想要的是「健康到老」這個善果，有哪些項目值得我們好好來自律一下呢？四大累積健康小福報的方法報你知：

◎打坐時進行感恩冥想

感恩是一種十分強大的善念，它有著招福避禍的本事。尤其心裡頭亂糟糟、覺得別人都欺負自己、對自己不公平的悲催時刻，勸你放下、想開點，是完全沒有用的。所以我從不這樣勸。對治妄念最有效的，那當然是正念啊！正見正念正思維，以正確的認知、正確的因果觀念，直接覆蓋掉雜七雜八的胡思亂想，這是最快的。

感恩冥想，萬事萬物皆可謝、天下萬萬人皆有成全你的地方。尤其那個讓你嘗過苦的人，更是成就你生命厚度與精采的貴人。一點謝意都無法產生的人，請上網搜尋「洛桑加參感恩冥想」收看導引影片，我陪你一起練。

◎每天喝水三千毫升

我之前把喝水標語印在馬克杯上，送給來診所的朋友們。一天到晚在講、走到哪都提一下。因為水真的對人體很重要。代謝、自癒、再生，都不能沒有水。對了，微脫水的症狀之一，滿有趣的，是脾氣暴躁。以後看到人家很凶，先別怕，端一杯水給他，說「你慢慢喝、你慢慢講，我聽著」。有事沒事自己喝，在家出外奉茶奉水給別人喝，那都是很好的呦。總之，記得喝水啦！

◎佛步千里路

開玩笑的！日行千里路太多了，按照個人年齡與體能，少年人愛自由行的兩萬步不嫌多，老年人肯起來走的三千步不算少。真要求個最划算平均值，研究步行與健康的專家們研究出來，一天走七千五百步，即對促進健康大有益處，而且還不用一口氣走完，可以分批走。要是覺得走路無聊，一邊聽感恩冥想、一邊走，那也是可以的。出家人有「行禪」這樣的修行法，活在當下全然享受每一步。靜心煉心不一定都要盤腿坐著，我覺得能走起來也挺好！即便心沒靜下來，至少血液循環變好，怎樣都不吃虧。

◎種下樂觀

英國布里斯托大學社會發展心理學的教授胡德教授（Prof Bruce Hood）曾提到，「壓力將為人們的免疫系統帶來負面影響。」人若能成為樂觀主義者，將有更強大的身體素質，應對外界各式各樣的感染。在心裡埋下樂觀的種子，養成容易感恩的習性，所作所為所念所想皆符合善，你便是在培養你的正氣。常言道「正氣內存，邪不可干」，正見正思維令正氣充盈，自然外邪不侵，少病少災殃。

04 自律能斷，熄滅憂火，無怨無憂無悔清涼自在

成功企業家、運動員與得道高人有一個共通點，你知道是什麼嗎？都長得特別帥？誒不是，帥的是伊隆馬斯克和貝克漢。高管、高手跟高人的共通點是「自律」。你說自律也好、守戒也罷，它們的核心都是修善。不同的是，企業家修的是管理、金融、創新與服務方面的善，運動選手修的是常人望而興嘆的高難度鍛煉菜單。修行人修的則是對苦、無我和無常的深悟，一種洞察實相的善。無論你想要哪方面的成功，若在過程中導入「自律」，我認為你要失敗都不容易。

自律啊自律，貪婪拿它沒轍、毫無意義的爭奪在它面前完全使不上勁，自律之人不容易受煽動、不容易被牽著鼻子走，更不能輕易被詐騙。以後警察局再找我去開身心靈講

座，我乾脆就來教這項反詐騙密技好了！

不管你是為什麼目的而自律，都會獲得相對等的益處。自律啊自律，這麼好的煉心方法不能只有我知道，上一篇講健康方面的自律，這篇接著聊聊煉心方面的自律。

◎為誰辛苦為誰忙，取決於自己

我究竟是為誰辛苦為誰忙？你有思考過這個問題嗎？有的話那真是太好啦！這不是什麼對靈魂的終極拷問，而是一個校對生命軌跡的契機。我向來鼓勵身邊的人使用邏輯思維，長見識、開智識，不要是因為誰誰規定、某某社會氛圍使然，所以也跟著照做。

假使今天有一個社區，大家都流行吃大便，那你搬到那個社區，也要跟著吃嗎？當然是不要嘛！放心，這只是一個方便理解的例子，現實生活中不會有人動不動叫人吃大便。但是你有打破集體錯覺的勇氣嗎？你能察覺到異樣與詭譎嗎？小孩子很喜歡問為什麼，所以他們學很快，我們大人有時卻寧可欺騙自己的大腦、欺騙自己的心，也不想和別人不一樣。煩惱時刻、痛苦的時候，請一定要用正念正見正思維，重新拿回自己對自己生命的主控權，將自己從痛苦慣性中給解救出來。

◎最好的時間，用來做最好的事

之前有人問，打坐時睡著怎麼辦？持咒讀經為什麼都會犯睏，是不是本身業障重？不是啊，哪來那麼多業障，不要迷信。我就問，你有開窗嗎？你空氣有流通嗎？還是你剛吃飽。為什麼我特別喜歡過午不食，除了醫學上對細胞再生、身體自癒方面的好處外，我真心覺得飯吃七分飽，或是少吃一餐，真的會頭腦比較清楚啦！

在自己渾沌得像一團糨糊的時候，別說讀經讀書了，搞不好連下樓買個東西，找零錢都算錯。自律很重要的一個重點是，很清楚地知道自己什麼時間狀態好，以及怎樣能讓自己清楚清明的時間更持久。

真正重要的好事情，宜放在自己狀態最好的時間去做。再盡一切可能，去創造令自己腦袋靈光、心塵無染的環境和條件，這樣就對了。有個朋友跟我分享，他都去爬山、騎車，有運動有保佑，不只體力變好、心情變好，腦袋也更靈光。如果有什麼能讓你像這樣爽利輕快的，別遲疑，做就對了！

◎進入複利善循環，串習不中斷

「追求快樂因、戒斷痛苦因。」這是自律高手都一直持續在做的兩件事情。不過這邊要解釋一下，快樂是指真正的解脫快樂，而不是熬夜唱歌、飲酒作樂那種副作用很多的宴樂。放縱激情、迷亂昏沉、人云亦云迷失心中的答案，這些是痛苦因，不是快樂因喔！

自律，自己給自己一些規律、一些利生的律令，請用自己的正思維去考慮，這樣做好嗎？有利益到生命嗎？利益自己的或他人的，都可以。好的你就持續去做，做著做著等內化進去，你連作夢都會笑，連呼吸都在進步。

自律的另一層意涵，是戒除害他損己的行為。用自己的正思維去衡量，判斷為惡的，會傷害到他人或自己的都算。立即俐落剪斷、斬斷、掐斷，丟一邊、離遠點。《法句經》鼓勵大家：「奮勉不放逸，克己自調御，智者自作洲，不為洪水沒。」自重不放縱的智者，能將自己變成一座不被煩惱洪流淹沒的沙洲。取消所有負面嗜好、取消對身心健康有礙的事項……經常這樣揀擇篩選斷離，你肯定會越來越有福氣，安心安全又安定。

05

向內心調伏戰勝怨懟，安忍守護內在空間

沒好好練習安忍之前，病人問我某某名醫怎麼樣、某個國外療程怎麼樣，我都說，「那不怎麼樣！」還沒深入瞭解就先否定人家，這是犯了傲慢的毛病。傲慢的人無知、無知的人傲慢，隨隨便便輕視他人，絕非高明，而是無明。

後來我發現，當個無明人一點都不快樂，傲慢、自大、愛我執很重很重的時候，特別容易嗔怒於人、嫉妒於人，特別容易看人不爽。但如果我的心態開放、柔軟謙虛，我似乎就從無明人變成文明人了耶！智慧與善良的品質也同時間提升，看誰誰可愛、看什麼都順眼，不但我心裡快樂，就連我身邊的人也受到感染，跟著愉快起來。

「無法自度而妄想度人，門都沒有。」想要調教他人之前，一定要先看看自己內心調

伏了沒有。當你把自己的心調柔、調順、調到祥和輕安的頻率，善善相近，朝你迎面而來的，那都會是和你頻率相近的好人好事好緣分，這就是你的福氣。想替自己積累福澤值，不能不修安忍，我們繼續來練習：

◎從高一個維度宏觀，去理解討厭鬼

都說敵人的敵人是朋友，不知道你有沒有發現，「敵人」與「朋友」的概念，是相對而非絕對，因為立場、視角或國籍的關係，才有了敵友之分。然而，正因為這個「有分」，而造成了人世間許多的痛苦與煩惱。分別敵友，累啊！煩啊！有敵意味著要戰，戰爭戰鬥哪有不累不煩的，肯定很消耗的嘛！

正確的解決辦法是：不分。不是黑白不分、是非不分的這種不分，而是懂分辨，但不起分別心。覺得我高級你低級的這種分別心，只會引發爭鬥耽誤幸福，對我們的靈性成長一點好處都沒有。至於怎樣能做到不分？從更高的地方縱覽觀察，討厭鬼之所以會這麼討厭，其實也是被他自己的煩惱給逼的。他正深受無明無知之苦，有很多煩惱呢！如果暫時不能幫他脫離苦惱，至少先把自己照顧好，照顧自己的方法有很多種，唯獨沒有和人吵架這一種。萬一吵起來，自己也會一秒變弱智，要有這樣的認知。

◎一想到他，就法喜充滿、怒氣全消

如果有一個學習的榜樣、典範，對於安忍的練習十分有幫助。人的頭腦就這麼一丁點大，當我們滿腦子裝滿正向的念頭時，我們等於受到正見正思維的保護，妄念雜念比較沒有空隙插進來。遇到糟糕的狀況，我都會想想，「如果是文殊菩薩會怎麼做？」這時候解決的途徑就會有很多種，唯獨沒有氣噗噗亂發脾氣這一種。

心靈能量超高的前輩和典範，可能是佛菩薩、可能是你阿嬤，也可能是作古兩千年的某位哲學家。凡仁慈、充滿智慧又善良的，就是了。觀想他的容顏、憶念他的行蹟、閱讀他的文字，他的心靈能量將為你所用，陪伴你度過一些特別艱難的關卡。小祕訣：在心裡感恩他、讚美他，效果尤佳。

◎健康與智慧我都要，哪還有空去恨

嗔毒之所以名列三大心毒之一，是因為它的破壞力十分強大，除了摧毀身心健康外，也很容易蒙蔽靈性智慧。健康與智慧你想要哪一個呢？小孩子才做選擇，我們當然是魚與熊掌都要兼得。有空生氣，就沒空培養福氣。為了收穫善果，埋善種、顧善苗都已經很忙了，哪還有空埋怨發怒呢？

埋什麼因，結什麼果。埋善不埋怨，結善不結怨。遠程的因、中程的因、近程的因，通通都要顧好的話，那還真的沒功夫去討厭誰，或跟誰發脾氣了呢！

◎最輕鬆的開心法門，守護靈性健康

杜絕傲慢禍患，隨喜是良藥。喜心一升起來，分別心立刻消失，歡喜無嗔的人最是好命。喜心一升起來，什麼看不慣、氣得牙癢癢、羨慕嫉妒恨都將瞬間瓦解。爽到誰？不是對方，是自己啊！隨喜讚嘆，多美的四個字啊！隨喜他人的善行善舉，讚嘆他人的功成名就。最大的受益人同樣不是對方，而是自己。

比方說你看球賽，說了一句大谷翔平好強喔；翻了雜誌，發現台積電怎麼那麼厲害；去參加法會、講堂，由衷讚嘆某某法師真是太有智慧了；一邊滑手機一邊嘴角上揚，朋友領養的小貓仔怎麼那麼可愛……這些吉祥的念頭，光想都開心，你什麼都沒做就開心起來了耶，這還不夠輕鬆嗎？樂得輕鬆，肯定是又樂又得輕鬆。

06

不把壓力給別人，亦不輕易接收。
安忍造福

眾所皆知，情緒不好、壓力突然間襲來，不只心裡不痛快、不寧靜，更不舒服的，要屬身體上的一些新病舊疾，也因此顯化出來。預防身心不爽，最好的一帖良藥，我認為是「安忍」。

安忍非吞忍！沒有要你打斷牙齒和血吞，隱忍隱忍到內傷這樣。學安忍不是在學受了委屈不能講、不敢講。真正安忍的意思，其實是開智慧！是用清朗明智的心靈，去感受、去學習、去成長、去長見識、去加深自己生命的厚度，更深刻地去瞭解因果，並因此獲得改變命運的能力與機會。而不是被負能量爆棚的人拉著、牽引著，一塊向下墮落沉淪。

當然啊，等自己心的能量煉到很強很強，不容易受他人左右的時候，你可以大大方方度人，拉一個是一個。但在此之前，度己的能力不能沒有，否則都只是空談。關於修習安忍的要訣，下頭慢慢來講：

◎絕不把自己該揹的，移到別人家犛牛背上

家鄉老人家說這樣，我也是都有在聽。這句西藏諺語很直白，但也是直指人心啊！就好像你去逛超市，這堆水果也喜歡、那盒雞蛋也想要，不管三七二十一八八六十四通通往推車裡丟，最後結完帳，自己根本拿不動。然後叫其他客人幫你提嗎？這樣豈不是很搞笑？你把「食材」替換成「壓力」，大概就能領略這個諺語的真諦。

這也很想要、那也捨不得、這個不放手、那個不放腳，通通堆到自己身上，堆到壓力快要壓垮自己的時候，趕快丟給旁人去承受？被你丟的那個人，豈不是也很衰？不要這樣亂丟。脾氣、壓力、暴力、惡語，都不要這樣亂亂放箭出去。你以為是放箭，其實是在射迴力鏢，回頭打到自己，啞巴吞黃連怪不了別人，都是當初自己發射的啊！

壓力大到難以承受的時候，第一個不是暴哭、暴吃，或對旁人進行任何一種形式的施暴。壓力大到難以負荷的程度，第一時間，是要幫自己斷捨離。撥出時間、空出頭腦、騰出心的餘裕，使你的真如智慧有辦法按水準發揮。安忍的真義，恢復本心清朗明智。你真

正明白了，人也就舒坦了。

◎減少對他人的點評，批評語是最好的警惕

「對自己的人生沒有意見，對他人的人生倒是很有想法」，我不知道是不是政論節目太流行的關係，還是網路風氣助長，現在我們生活周遭，確實存在著很多這樣的人。其實他們也很可憐，眼睛長在自己身上，卻看不見自己，只看見別人的缺點。所謂人間煉獄你知道是怎樣的嗎？放眼望去，一切都很糟糕、一切都看不順眼，就連來幫你的人，都能看成是來害你的。如此顛倒恐怖，大約就是人間煉獄的景觀。當人心靈能量低落的時候，特別會覺得全世界都辜負自己，很孤單、很委屈。但這些是妄念喔，不要被自己的迷亂之心給唬弄過去。

想知道事實是怎樣，你嘗試用「感恩」造句。無極限、天馬行空去造句。比方說：感謝我只是受到詐騙，人沒事安全得很，感恩平安。也可以是，他罵我不算什麼啦，沒打我算不錯，感恩，逃過一劫。感謝老闆、客戶都把重任交付予我，讓我有機會挑戰自我。

回到剛講的「點評」。預防自己步入迷亂森林的做法是，看到微徵兆時，立刻警覺，「唉呀，我居然又在任意批評別人了，要趕快止步。」、「奇怪，這某某人、這某某事怎

麼越看越不順眼？」這時候，不是拿劍把對方殺掉就完事，慧劍提起來，該斬斷的是自己的貪嗔執著，永遠不要弄錯對象。

◎沒有反應不生氣，也不烙記。從此大好運

不把壓力丟給別人、預防自己亂步人間煉獄，再來就是要迎接大好運人生啦！前面有講過，設定好界線，避免厄運沾黏、避免被人家的壓力鍋甩到，大絕招：沒有反應、不生氣、不烙記。你真的可以不接招。不接招，所有朝你射過來的，就會像是詐騙包裹，原封不動被退回去。安忍安忍，能忍住不去跟所有叫戰的打一場沒完沒了的消耗戰，那你的福氣就會始終很飽滿，不輕易洩漏。這就是好運的原理。願你全然掌握此法，越活越開心、越活越快活。

07

精進在我。不從身外覓神仙，但向自心尋解答

福澤值高的人，就像家裡有很多食材，可能性多、選擇性多，想做什麼好料，都能做出來。類似心想事成這樣的感覺。福澤值高的另一個好處是能量強，講話有人聽、勸善人不嫌，說話有分量，他人能快速理解你的意思。在輸出訊息方面，用傳輸速度來比喻，福澤值高低大約就是5G和1G的差別。

至於怎樣提升個人福澤值？六個確實好用的方法，我們再來複習一次：布施／利他、守戒／自律、忍辱／安忍、精進／不偷懶、禪定／靜心淨心、開智慧／不耍白癡。前面我們學了利他、自律、安忍，這篇繼續來講精進。

怎樣知道自己是更精神還是更神經？兩道問題自我檢測

可能因為我是西藏人的關係，偶爾會遇到人家問我：「你覺得某某教團怎樣？」、「這個靈性成長課程好嗎？」、「聽說某某門派特別厲害，修了可以這樣那樣。」、「某大師說了巴拉巴拉……，都是真的嗎？」。我又不是那個大師，我哪知道真的假的。莫從身外覓神仙，有很多事，你問自心，反而更清楚。

在接觸各種善知識，或進入一個團體跟同伴一起學習的時候，怎樣知道自己是在精進，還是在倒退嚕？你可以問自己這兩道問題：

1. 我的心胸是越來越寬坦，還是越來越狹窄？
2. 我看他人是更可愛，還是更不順眼？

心胸寬坦、看大部分人都很順眼，這就對了！代表你正走在精進的正道上。如果越學越覺得這不行那不好，變成憤青、憤老，越來越侷限，看別人都很笨、一天到晚犯錯，只有自己最聰明、最對，那就要小心，自己可能已經誤入歧途。需要重新校正方向。

學習任何善知識，並不是要我們遁世，逃到世外桃源、在一個沒有紛爭的地方輕輕鬆鬆、抱團取暖。學習善知識，是幫助我們走入江湖、面對世間紛擾時能更加從容淡定且有自信。而這個自信來源不是無知，而是有知！因為經常性使用智慧、開啟覺知過生活，因而產生的自信和勇敢。不是像鴕鳥把頭埋進沙裡看不見獵人就不害怕的那種「愚勇」，而是知因果、識無常，敢正視現實、正視問題，並且願意去理解它、面對它、解決它，最後放下它的這種「真勇敢」。

精氣神飽滿，培養出心靈彈力心更自由

精進和養生一樣，都有著令人「精氣神飽滿」的好處。如果人越修越虛弱、越沒有抵抗力，跨出某個團體或自己的同溫層時，更加不能適應，想要立刻縮回去。那可能學錯東西啦！也可能是學習方式有誤、理解錯誤，同樣需要重新調整。畢竟我們要修的是一顆強壯堅忍的金剛心，不小心修成玻璃心，肯定是哪個環節出錯。自己要能當自己的除錯員。

重要的事，別問隔壁老王，要問自己的心。你的心是更自由了？還是變得比從前更加

龜龜毛毛，犯了「心的過敏症」？對別人的言語、觀感和評價特別在意。人家講一兩句不輕不重的話，你馬上風中凌亂、心情大受打擊。養生養心，宜培養慈悲心、菩提心、金剛心。像是易碎的玻璃心、易怒的嗔恨心、易生怨懟的比較心，這些都不是我們要的。

多關注善慧，獲得向上提升的力量

嫉妒別人、討厭別人、去和別人較勁並不能成就卓越，更樂意將時間花在精進自己上面，才成就了卓越。去跟別人比較計較，一點意義都沒有，贏也不一定是進步，唯有贏過從前的自己，才是實質意義上的進步。比如選手甲以前都跑十秒，某一天甲跑出十五秒的成績，擊敗跑二十秒的選手乙，選手甲如果因此沾沾自喜，我就會覺得他很白癡。

如果說時間就是金錢，那麼，多花一秒鐘去討厭別人、多花一分鐘去關注一個大家都在批評的對象，都是在浪費錢！硬幣丟到水裡還會撲通一聲，時間精力浪費掉，悄無聲息，不能不格外留心。討厭別人，人將得到怨氣和其他或大或小的損失，專注前行，你將擁有無與倫比、永不退轉的信心和勇氣。

什麼樣的人能夠不斷前進？對善良和智慧有著盼望和興趣的人。我常開玩笑說，關注善慧的人「後台最硬」，因為他背後站的可是文殊菩薩、藥師佛、綠度母……，以及諸多對良善事物同樣感興趣的天人呢！善善聚集，你的願力在哪，你的力量就在哪。

08 勇猛精進獲得更大的自由，在你走出舒適圈之後

自由自在，多好的四個字啊！但拆開來看，其實是兩回事：「自由」跟「自在」。有趣的是，在獲得自由的過程中，常常會伴隨一些不自在、不舒適、不習慣的感覺。很多人因此而退縮，執著放不下、煩惱放不下，被禁錮的狀況難以破解，走不出迷惘、走不出迷霧、走不出悲哀與傷痛。是有誰關著你嗎？沒有什麼人，正是自己，走不出自己設下的心牢。

任何人不能困住你，除非你自願關著自己。

順帶一提，如果遇到身心出狀況的親友，千萬不要跟他說，你要開心一點啊、你要放下啊、你要走出來啊……人家就是不能做到，所以才生的病呀！你越講，他反而壓力更

大。所以我們不要這樣去「逼」他快樂、去強迫誰振作，能先做好陪伴，那就很好。也可以傳我的影片，或拿我的書給他看。我發現台灣老一輩都還滿聽醫生的話，自己人講自己人通常都講不聽，都是這樣的啦！這時候讓我一個外人來說，反而對方容易接受。

幸福密碼沒在誰手裡，你自己設的啦

回到正題。為什麼在獲得自由的過程中，反而會不舒服呢？舉兩個例子來說，你或許就能明白。比方說你想在德國自由自在地自助旅行，菜單看得懂、能跟當地阿伯用德語暢聊、能更好地進入德語文化圈脈絡中、能自由地選擇更多元的旅行方式……多好啊！但學德文容易嗎？學名詞要去記陽性、陰性、中性，學了口語，書寫又是另一套，有些字發音還特別難發，真的不容易。學的時候難免有挫折的時候，但當你越過了那個挫敗感，繼續勇猛精進，自在使用新語言的滿足感、新鮮感，就在後頭。

又比如，你想要腿腳有力，不管幾歲都能自由行走、與輪椅和病床無緣。在獲得這樣行走的自由之前，難道不需要鍛煉嗎？你深蹲、你重訓、你去爬山、有氧運動很認真去做，剛開始不習慣、還沒養成運動習慣之前，全身上下，哪裡都痠痛、都不痛快。所以才會有人開玩笑說：「覺得沒人疼嗎？那你去爬山吧！等你爬完，哪裡都疼。」養成一個新的好習慣，向來不容易，但當你堅持二十一天、持續二十一次，越過了不適感，那許許多多的「爽感」，就等著你去簽收。

苦只是暫時，請將大自在刻進骨子裡

請一定要能理解，在獲得自由過程中的不自在，那都只是暫時的。等你衝破克服了不自在，後頭等著你的，就不只是普通的自在，而是大自在！

所謂的幸福快樂，不是你去佛寺拜拜，接受德高望重的大師加持，或是你呼喚宇宙、靠爸靠媽在家舒適啃老、拿到遺產房產、跟名模結婚、嫁給足球明星、中大樂透，幸福快樂就會從天而降，沒有這樣的啦！就算有，那也是很短暫、轉瞬即逝，如漂萍般沒有根，是一種容易瓦解的快樂。就有專家去研究歷年彩券億萬獎金得主，研究他們在獲得一大筆意外之財之後，究竟有沒有過得比從前快活？結果發現他們平均爽個七、八年，等錢財散盡，其中大多數人反而比沒中獎之前，更不快樂、過得更加悲慘淒涼。甚至還有被人覬覦、引來殺身之禍的，妻離子散的、無法再回到職場的，先爽後痛的例子，多到十根手指頭都數不過來。

精進靈性智慧的快樂，最踏實的快樂

那麼，真實可靠的幸福快樂，要如何取得？要我來說，是利他、是自我的精進、是修習安忍有得，變得更能掌握自心，不受紛雜情緒奴役。從醫學的角度切入，你感恩生命、感謝成就你生命體驗的一切，你時常能想起美好的人事物、習慣性觀想美好的情境和美好的未來，你收穫的是腦內啡。而你不斷精進、活成你自己獨一無二的樣子、顯化內在天賦、打破個人最佳紀錄、專注在能引發自己熱情的人事物上面，你收穫的是多巴胺。這兩種快樂荷爾蒙都是你自己身體就能產出的，不但叫人愉快自在，也大大提升了你的抗壓能力。不少佛學大師都說幸福快樂要向內求，不用求別人，我認為說得真是太好、太對了！

不快樂的時候，別責怪、免怨嘆，趕緊向內看，趁此大好機會，喚醒覺知。去和那個智慧又慈悲的自己聊聊天。不滿足的時候，請不要向別人乞討，翻一翻自己的內在藏寶箱，你會驚訝地發現，此生所需要的一切，原來早就準備好！

09

在快節奏的時代安靜下來，在忙亂的世界裡清淨自心

福澤值高的人，應對壓力的本事往往也會來得高一些。不容易因為一點小事就急跳腳，或是遇到一個粗魯無禮大聲說話的人，就馬上肌肉緊繃、血壓升高、渾身不舒服。你去怪別人很糟糕、怪環境很糟糕，自己心情也不會變美麗，反而會變得很糟糕。

關注糟糕，那就得到糟糕。關注寧靜，那你就得到寧靜。所以，永遠記得，順序是先安心靜心，淨心煉心，然後再去重新看一眼外面的世界變得怎樣可愛。而不是先拿外頭的紛雜忙亂，來亂心害心，傷心又起嗔心，然後才說，「你看吧，果然很糟糕吧！」

化現可愛還是化現糟糕，自己就可以決定！

福滿人轉境，自虐人則被境轉。《楞嚴經》為我們揭示真理，也帶來期許：「心能轉

境，即同如來。」轉境遇、轉情緒、轉世事、轉順逆，怎樣轉得遊刃有餘還很優雅？本篇繼精進之後，接續來講靜慮靜思，講靜心淨心。重點在於將心定錨在善慧之上，一得專注、二得安穩。靜心有得，你能從福田裡生化萬千，隨心自在、處處真如。倘若經常令自己陷於混濁、無明、顛倒又煩惱的狀態，別說生出什麼好東西了，沒生病算不錯！

心想事會成，所以更要小心想

我在印度求學時，聽到這樣一句話，我覺得特別有道理：「你若認為自己是解脫的，那你就是解脫的。你若認為自己是被綑綁的，那你就是被綑綁的。」繞口令一樣，但真的是這樣耶。如果一個人常以被害者之姿自居，一輩子都很難從那個「害」裡面脫離出來。做有害想，害不了別人，卻會害得自己身心不平、寢食難安。就好像提著一桶糞水要去潑一個你討厭的人，在蒐集糞水、提糞水前往的路上，那個人你都還沒遇到，自己就先臭死了。

既然如此，有害想，那還是少想一點比較好啦！胡思亂想最消耗能量，想多了人還容易犯傻、變得白癡。杵在氣頭上、在怨恨上、在嫉妒上、在不滿上，如果你把你自己放在這些上面，那你的心將經歷不停歇的不安和動蕩，混濁得宛如一杯泥水，你還不斷去搖動它。提油救火、雪上加霜的概念。

打斷別人說話不禮貌，但打斷自己的「有害想」卻是很必要。怎樣斷？你可以起身去運動、去散步，去做一些洗衣服洗碗洗車洗狗等清潔外境的清淨活。天氣太冷、天氣太熱，不方便出門時，也可以就地練習我所教過的任一種呼吸法，或單純練習緩慢深長勻稱的腹式呼吸。斷念的練習，可以很好地守護好你放逸外散的能量和福氣。是說災禍都還沒來哩，你反覆在想，那豈不是在腦海裡播放預告片？讓它未演先轟動？心理壓力累積累積，就是這樣累積的，本來還好的小煩惱，都被你滾雪球一般越滾越大，變成了大煩惱。自己先把自己嚇得不輕，思慮肯定不會清晰，搞不好看到草繩都以為是條毒蛇，那就真的很恐怖啦！

無有罣礙，無有恐怖。心裡不要掛上一些虛妄不實雜七雜八的東西，你就離開了恐怖。靜心得清淨，之後想從清淨中升起逍遙還是升起智慧，那都隨你。

轉有害想為有益想，壓力成助力

斷念，斷妄念、斷雜念、斷離顛倒是非的人，更有條件在真理中頓悟。頓悟以後要幹嘛？想幹嘛幹嘛。看到這，你心裡該不會升起了「好難啊」這個念頭？有的話真是太好了！煩惱的汙泥正是智慧清蓮的土壤，越難越肥沃。接下來，你只需要再替自己做一個轉化的動作，蓮花將會綻放。哪個動作？把「有害想」翻個面，轉為「有益想」。這我每天都在想。

當你無聊或無奈的時候，傷心或傷腦筋的時刻，都可以趁機好好練一練。預備動作是以前搖頭，現在改成點頭。從前老擺臭臉、撲克臉，現在改露出笑臉、和善臉。臉部線條已經僵硬太久不容易放鬆的人，可以嘗試把舌頭吐出來，向下吐、向左向右吐，非常可愛，也非常紓壓。

接著正式開始觀想，不要想像自己踩到屎的衰樣，而要想像自己成就時的帥氣模樣。不要想像自己老了以後骨質疏鬆跌倒，而要想像自己蒼勁如松氣勢如虹、很有生命力的樣子。不要想著自己死定了，而是要想著自己活好了！不要想像自己虛弱無力辦不到，而是要想像自己輕快聰慧很有辦法。科學研究已證實，觀想美好的未來，能改變痛苦的程度，強化個體對壓力的承受能力。

把前面提到的印度俗諺改一改，現在，你可以對自己說，「我認為我自己是解脫的，我真的是解脫的。我相信我自己是辦得到的，我還真的辦得到，我已經辦到了！」讓更好的想法，更有力地去支撐你的行動。轉有害想為有益想，轉危為安、轉病為福、轉憂為喜不求人！

10

攝心安住、對治散亂，將心定錨於善慧之上

做個文明人、打消文明病，最有效的方法，便是去除無明，斷離一切不利生的習氣、壞習慣。回歸本我回歸天然，我真心認為，「健康」其實才是人類最自然的生命樣態。我們說修行修行，到底是在修什麼呢？我認為是在修善，修一個開心自在。有趣的是，這個開心自在是我們本來就會的耶！感受幸福的能力、體驗幸福的能力，在心無妄念、無雜染之前，都能百分之百發揮它的實力。

重拾赤子之心，回歸本來面目

相對於城市來說，在我成長的香格里拉山區，物質條件是比較簡單的，別說打電動了，我小時候基本上沒買過什麼玩具。但我因此過得很悲慘、很無聊、很空白嗎？恰恰相反。我過得開心極了。我們西藏小孩很會玩，有雪玩雪、有土玩土，什麼樹枝、石頭，玩法那是叫一個千變萬化，甚至誇張一點說，有空氣、能呼吸，我們就能玩。

現在不是很流行什麼空氣吉他、空氣指揮、角色扮演嗎？各種運用想像力的好玩事情，一般大人恐怕還玩不過小孩呢！當人心靈純淨時，想像力能叫我們獲得快樂，而當人心染上貪嗔癡三毒，想像力就質變為妄念，一下悔恨過去，一下擔憂未來。本來很會想、很會創造、很有想像力，那是好事情。但有雜染時去想，怎麼想怎麼糟糕。好的不想，反而想一些恐怖顛倒虛妄不實的，令自己陷入深深的苦痛之中就算了，還拖累旁人，尤其是最親的人，跟著自己一塊兒墜入痛苦深淵，人間至苦，莫過於此。

所以我曾寫過一本書叫《靜心．淨心》，目的就是要幫大家去除雜染，恢復內心的小清新。感知幸福的能力恢復之後，你的身體自然而然會分泌出許多種類的快樂荷爾蒙，各種因為壓力、不安和焦慮所產生的身心問題，都能獲得相當程度的改善。下面我們實際來練習兩個淨心之法：

◎看進自己，向內心深處遠遊

我曾接受過一個教導，覺得十分受用，特別想跟你分享：「向外看出他人萬千缺失，不如向內看，找到自己的一個。」這就好比，你看這人有皮膚病、那人有神經病，再會看、再火眼金睛，看出別人是狐狸精、蜘蛛精變的，自己也不會變健康。但如果你低頭稍微看一下自己的腰圍，哎呀，長出一圈肉了，快要代謝症候群了，於是趕緊調整生活型態，哪怕只是吃健康一點、多走幾步路，那也都真實對自己有益。

外境的狗屁倒灶，源於自心的烏煙瘴氣。不是他人不好、他人壞壞，而是自己，沒打算讓自己好過。你怎麼欺負自己的、怎麼虐待自己的，靜心內觀馬上就會知道。即便只是看出自己的一個缺失、一個妄念或偏見，你去修正它，讓它變成正見，那都是在幫自己自淨自潔。得清淨、得大自在，拿大聲公喊一千遍也不會自在，但只要內觀一次、兩次……慢慢這樣去洗滌心靈，那肯定會越來越自在。不只你舒服，旁人也美滿。

◎專注，全然投入當下享受心流

不知道是不是短影音看太多，還是社群軟體太方便、網路太方便，叫人在千里外，能知千里事。不過啊，成也網路、敗也網路，被龐雜訊息一直砸頭，現代大多數人普遍都有專注力下降的問題。我覺得專注力它都快變成一種超能力了！而專注力不足，其實也是一種無明。如果你的心是一盞酥油燈，別人講一句像是風吹一下，哪裡出了事你的心燈又被吹一下，這樣吹來吹去，火光晃來晃去，是要怎樣照明啦？沒失火算不錯。專注是種什麼感覺呢？像是酥油燈的火光、蠟燭的火光，文風不動的那種感覺。如如不動，即便燈小蠟燭短，照見世間事，清清楚楚。我們西藏說「照世如燈、不入大闇」的感覺。

人生在世，若能修得一個清楚明白，你會看清原本以為的障礙，都不是阻礙。去除無明前，石頭它是絆腳石，智慧開光後，石頭它就成了墊腳石。

在紛亂的世界中，尋得心靈的寧靜與專業的深度，這是專注的益處。散亂放逸的一顆心，忙來忙去都是瞎忙，唯有專注收攝，才能創造出真正有價值的成果。在專注的過程中，我們不僅學會了如何將精力集中於當下，更重要的是，我們學會了如何與自己對話，瞭解自己的極限和潛力，這是一段自我發現和自我超越的旅程。和我一樣對修心煉心特別感興趣的朋友，不妨跟著我一起，將心定錨在善良與智慧之上，安住於善法之中。如如不動，不管外面波瀾洶湧驚濤駭浪，還是平靜無風，都不管，都無所謂，唯一支持智慧與善良。經常練習這樣的專注，同時對自身福氣的增長，也很有幫助。

11

能悟入慧，用高一個維度的視角熱愛人間

利他、安忍、精進的修習，令我們從欲望、恐懼和憤怒的束縛中解脫。人心因自律、守戒、有所為而有所不為，而點燃的明亮火焰，任何人、任何風都無法將它熄滅。這盞心燈，它就是我們的真如智慧。人世間任何物質與非物質的，都能因著它得到淨化。

令福氣厚實飽滿的六大方法：利他、自律、安忍、精進、靜心淨心，以及開智慧／滅貪嗔癡。最後一個開智慧，奠基在前面五個方法之上，前面五樣做得越好，智慧之花開得越漂亮。開智慧不是說你來找我，或去找哪個大師，幫你從哪裡打開，它就開了，大部分時候沒有那麼方便。如果有人說你捐一百萬，就幫你開智慧的，小心，那很有可能是詐騙。

就好比吃飯，我吃三碗飯，會飽到你嗎？不會嘛！自己飯碗端起來一口一口吃，才是實在。又像是在爬山，推託腿腳不好、人懶散，所以我「代客爬山」，等到山頂發現視野很好，涼涼的爽快爽快，我再打無線電給你？恐怕我說到嘴角全是口沫，也很難把我的真實體驗直接傳輸給你。自己的煩惱自己救，自己的智慧自己開，前人攻略可供參考，但攻頂這種事，還得靠你親自走一遭，親自體驗一番。

下面提供三個錦囊，給你攻頂路上保平安用：

◎你跟他都沒問題，該是角度的問題

個人觀點、立場、角度的不同，詮釋同一顆蘋果的方式也不同。我在網上看到一則影片，有位姑娘拿一箱蘋果分送給美術系同學，學山水的把它畫成水墨蘋果，練泥塑的把它捏成文藝復興蘋果，修木作的設計出一套靈巧的蘋果機關。我就在想，拿給營養系的會怎樣？跟我說裡頭有類胡蘿蔔素能幫助抑制自由基、降低罹癌風險，一天一顆好健康這樣是嗎？要是拿給哲學系的，恐怕連蘋果的靈魂、蘋果的本質，都被他們拷問出來！

人因為成長環境、學習歷程及歷練的不同，老靈魂跟小靈魂能看得是一模一樣？要是能，那老靈魂可說是白活了！溝通出了問題，和別人合作起來毛病一大堆的時候，千萬不要去責怪對方，反而要謝謝他，用他的眼，幫你多看見一種「角度」。角度累積多了，維度自然提升。到時候你會吃嘛嘛香、看誰誰爽、幹啥啥成，此般愜意，請務必親自體驗看看。

◎好人有大福報，於閑靜安適中享福

不是因為天地靜好所以歲月無憂，而是因為人心的投射，將天堂一般的美好情境，給投射出來。心裡不驚慌、不驚恐，經常平和穩定的人，當別人還在受「催婚催生」之苦，他們早已超然跳脫，還能開玩笑說「不婚不生快樂一生」。縱使沒有房子、車子、妻子、兒子和金子，他們也不覺得苦，什麼日子，都能被他們過成好日子。這樣福報還不夠好嗎？簡直是太好啦！

而什麼人能享受到這樣的大福報呢？一個「好人」。好心有好報，不是說你幫助別人，那個人會拿禮物來回報你。如果沒有呢？要失望、要生氣、要打他嗎？我覺得真正好心有好報的意思是，你把自己放在善慧裡面、放在慈悲裡面，去看、去體驗，都用好的方式去詮釋。說好話做好事，身口意不離一個好字，那人生還會壞嗎？要壞都不容易，肯定是一生平安。

◎生命出現障礙時，考慮多數人福祉

這邊教一個善巧的作法，我親自試驗過，對放下「愛我執」相當快速有效，那就是看大不看小。困在小我裡面，想著別人要尊重我、要獎勵我、要稱讚我、要這樣那樣我……，你用強的用逼的，用盡一切勒索、利誘怪招，人家都不一定要如你願。特別是現在你我身邊那種靈性覺醒、心能自主的人很多喔，他們是自己心的主人，拿金條來誘惑他們都誘惑不到。

當事情不如己願，人家家人都不願意和自己親近時，怎麼辦？很簡單，你從原本只考慮到自己的利益，放大為考慮兩個人的福祉、三個人的福祉，次第漸進，越來越多人被你體貼到、被你考慮到，那還需要擔心什麼孤獨死嗎？完全沒必要。只為私利在那邊計較，那叫耍小聰明，開啟大智慧，讓你我他皆蒙福的方法，馬上就被你找到！心力很大的人，活著有人追隨、死了有人懷念，這樣的生命不管是長還是短，都很圓滿！

12

破邪見興正念，佛步千里處處繁花盛開

實現身心安康，身體要動，心卻講究「如如不動」。身要動任誰都明白，運動嘛！要活就是要動。不管你是勤勞地去勞動、開心地健行走動，只要動起來，你的生命能量就流動起來。最棒的是，還避免了久坐對健康所造成的種種危害。一項發表在《美國心臟協會雜誌》上的研究顯示，長時間坐著會增加死亡風險，每天坐超過十一小時的女性，其死亡風險增加了百分之三十。不愛動、懶得動，除了血液循環不好，還可能增加肥胖與靜脈曲張風險，或是這邊卡卡那裡痠痛刺痛，甚至與憂鬱症狀的增加也有關聯。益壽延年，能走就不待著、能動就不懶著，把「身動」這件好事放在心上，儘量站起來、動起來，比你吃什麼靈丹妙藥都還要有效。

身體需要多活動，心靈則是少浮動為妙。不要叫你什麼都裝糊塗，嘴巴開開像個傻子一樣的這種不動。如如不動意思是不為外相所迷惑、不因外境而擾動、不被貪嗔癡等煩惱制約你的行動。一顆如如不動的心，是一顆安適穩定的心，它超越敵我對立與二分法，是慈悲與智慧的總和。在悲憫生命的同時，仍保留清晰的洞見。是這樣的一顆心。

如如不動好難啊，沒錯，它確實是修行一段時間才能達到的境界，所以我放在最後一個來講。現階段還做不到沒關係，但至少要知道。你從利他、自律、安忍、精進、靜心淨心這一路走來，最後到了開悟開智慧、熄滅貪嗔癡的階段，鞏固信心最後兩帖心藥，現在交付予你：

◎最好的紓壓法：做一個善良的人

人世間已有許多煩心事，讓我們覺得超有壓力。但牢牢抓緊那苦不放，記上十年、二十年，並不能超脫苦。反而使人越想越苦，苦不堪言。超脫苦的真正做法是，與善慧同行、帶著勇氣和希望，懷著同理心與慈悲心，盡可能把多一點光明、善良，帶到這個世界上來。

倘若別人使壞，自己也跟著耍小心機，別人小氣，自己也跟著吝嗇，別人無理取鬧，自己也跟著喪失溫柔大聲吼叫，內心怎能安穩？肯定會經常焦慮、緊張、不爽。但如果你起心動念，念念都是正念、滿是善意，縱使遇上糟糕的狀況、即便結果不如預期，那也比較不會再對自己和其他人造成二度傷害、三度傷害……，你反而會多了一份「苦既已成，業亦當盡」的坦然與淡然。

◎去狹窄化，盡可能保持心胸開放

「或許是我錯了」、「也是有這樣的可能吧」、「事情不一定是我看到、我想的那樣子」、「也是會有這種狀況」……你有多少心靈彈力，你就有多少理解空間。見識智識能增長到什麼樣的一個地步，不是看我們書讀得多高，拿的學位和證照有多厲害，而是看我們願意留下多少空間，供智慧之樹向上生長、供你的智識無限擴充。人身宇宙最基礎的五元素：地水火風空，最後一個空元素，就是這樣應用的。

舉例來說，大腦裡如果有很多類蛋白澱粉斑塊淤積，人很可能走向失智，血管中如果有大量低密度脂蛋白和其他垃圾沉積，後頭就是動脈粥樣硬化在等著。而讓心靈窒息的呢？無窮盡的欲望、偏見、妄念、攀比、嗔恨、癡愚，這些心靈毒素或叫做心靈垃圾，讓我們越來越狹隘，越來越背離事實真相。做為一個醫生，我很注意病患的血液品質，身而為人，我更在意的則是心靈品質。就像血管我們都不喜歡它太過狹窄，越窄問題越多，心靈也一樣。心胸越狹窄，自己和他人所受的苦也就越多。通血路好辦，我們診所和其他醫療院所都有相關療程，但談到疏通心靈，可就得靠你自己來通一通。

回想我從山上下來、第一次見到大海的時候，心裡很是感動。都說心海心海，我們的心，本來不也是像大海一般深邃能容的嗎？一臉盆的水，稍稍被人碰撞一下，就會搖晃得很厲害，升等為大海這種量級之後，還怕人家攪亂？八萬四千條河流同時注入那都不成問題呀！海納百川，有容乃大，心裡容得下各種奇葩的你，也算得上是見過世面！願悟清淨智，貪嗔有終期，願學廣懷術，和平無遠程。

結語

感謝你的閱讀，願你智慧大開，盛綻如花，覺性朗淨，無染無垢，憂惱悉除，福壽增添。再次感謝你讀到最後，多謝你願意聽我說這麼多。

筆記要點

（請在此頁寫下你最喜愛的本書金句）

CARE 090

不生病的藏傳紓壓術：療癒身心靈的預防醫學

作者—洛桑加參
文字整理—賴佳昀
主編暨企劃—葉蘭芳
校對—聞若婷
封面設計—FE設計葉馥儀
內頁插畫—Littse
內頁設計—張靜怡
封面攝影—張明偉
妝髮設計—郭馥靈

董事長—趙政岷
出版者—時報文化出版企業股份有限公司
一〇八〇一九臺北市和平西路三段二四〇號三樓
發行專線—（〇二）二三〇六—六八四二
讀者服務專線—〇八〇〇—二三一—七〇五
（〇二）二三〇四—七一〇三
讀者服務傳真—（〇二）二三〇四—六八五八
郵撥—一九三四四七二四時報文化出版公司
信箱—一〇八九九臺北華江橋郵局第九九信箱

時報悅讀網—http://www.readingtimes.com.tw
法律顧問—理律法律事務所 陳長文律師、李念祖律師
印刷—勁達印刷有限公司
初版一刷—二〇二四年十月二十五日
定價—新臺幣四三〇元

不生病的藏傳紓壓術：療癒身心靈的預防醫學／洛桑加參文 . -- 初版 . -- 臺北市：時報文化出版企業股份有限公司，2024.10
368 面；14.8×21 公分 . --（Care；90）
ISBN 978-626-396-750-2（平裝）

1. CST：藏傳佛教 2. CST：佛教修持

226.965 113013058

ISBN 978-626-396-750-2
Printed in Taiwan